顏勤禮碑

唐故秘書省著作郎、夔州都督府長史、上護軍

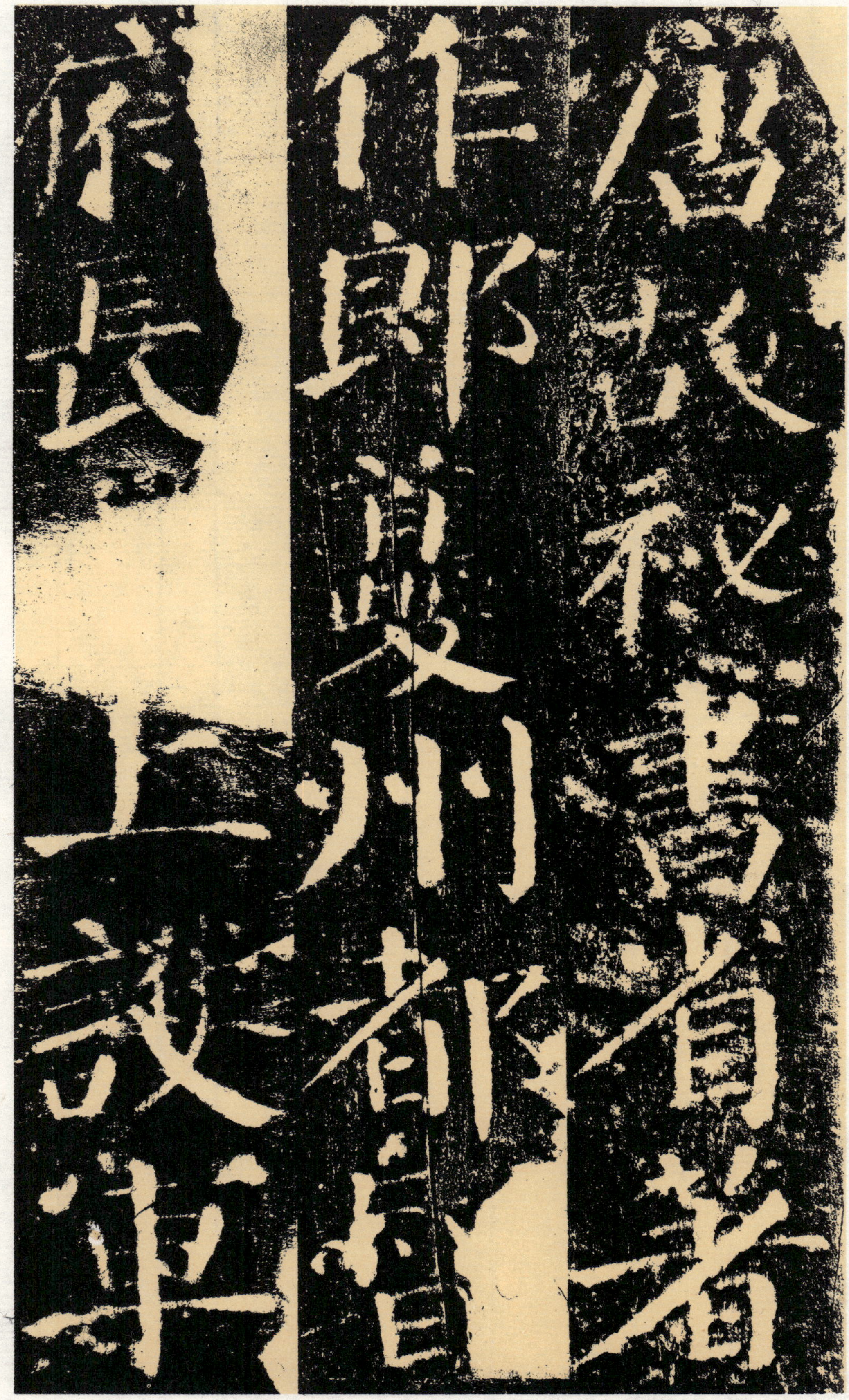

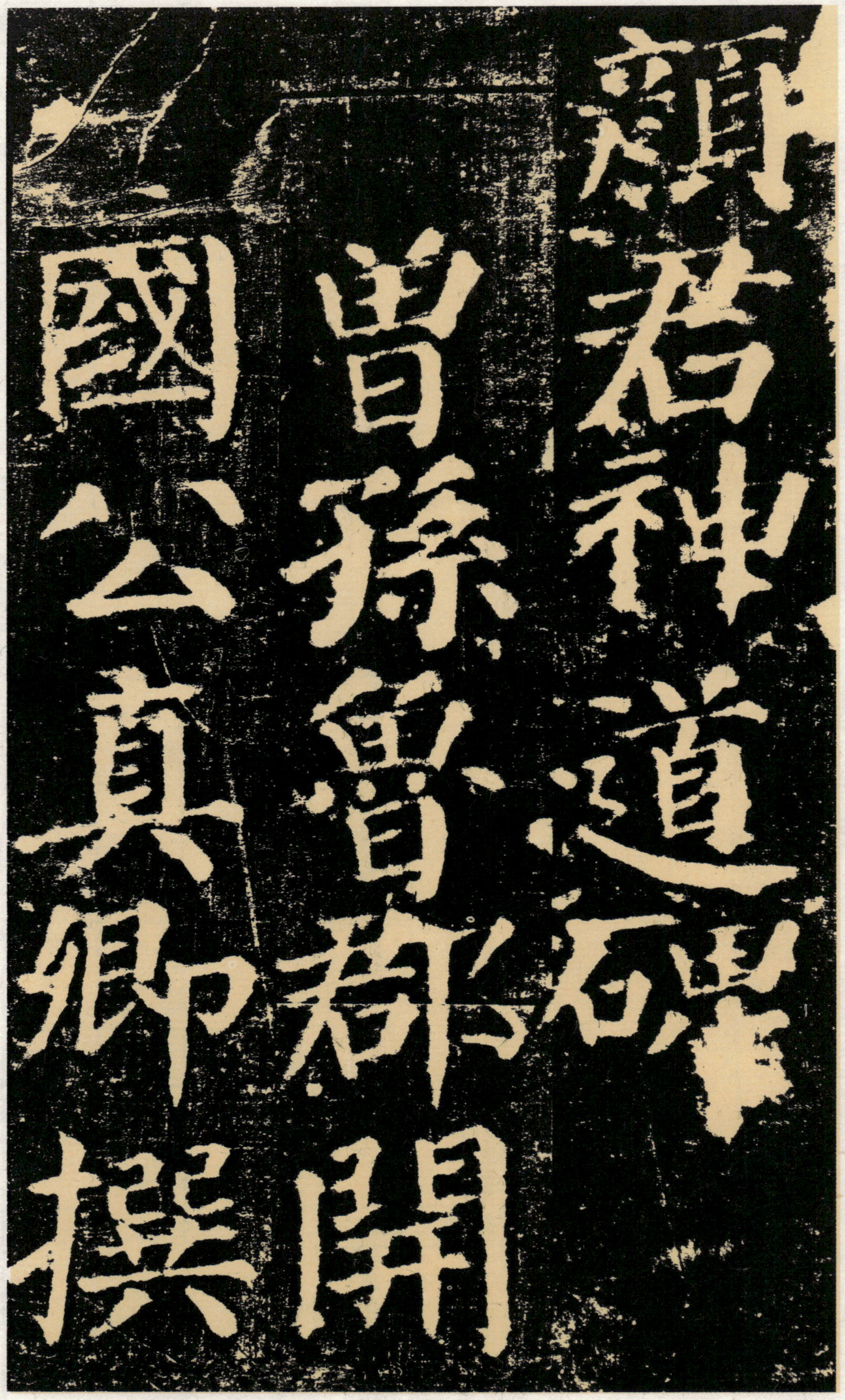

顔君神道碑。曾孫魯郡開國公真卿撰

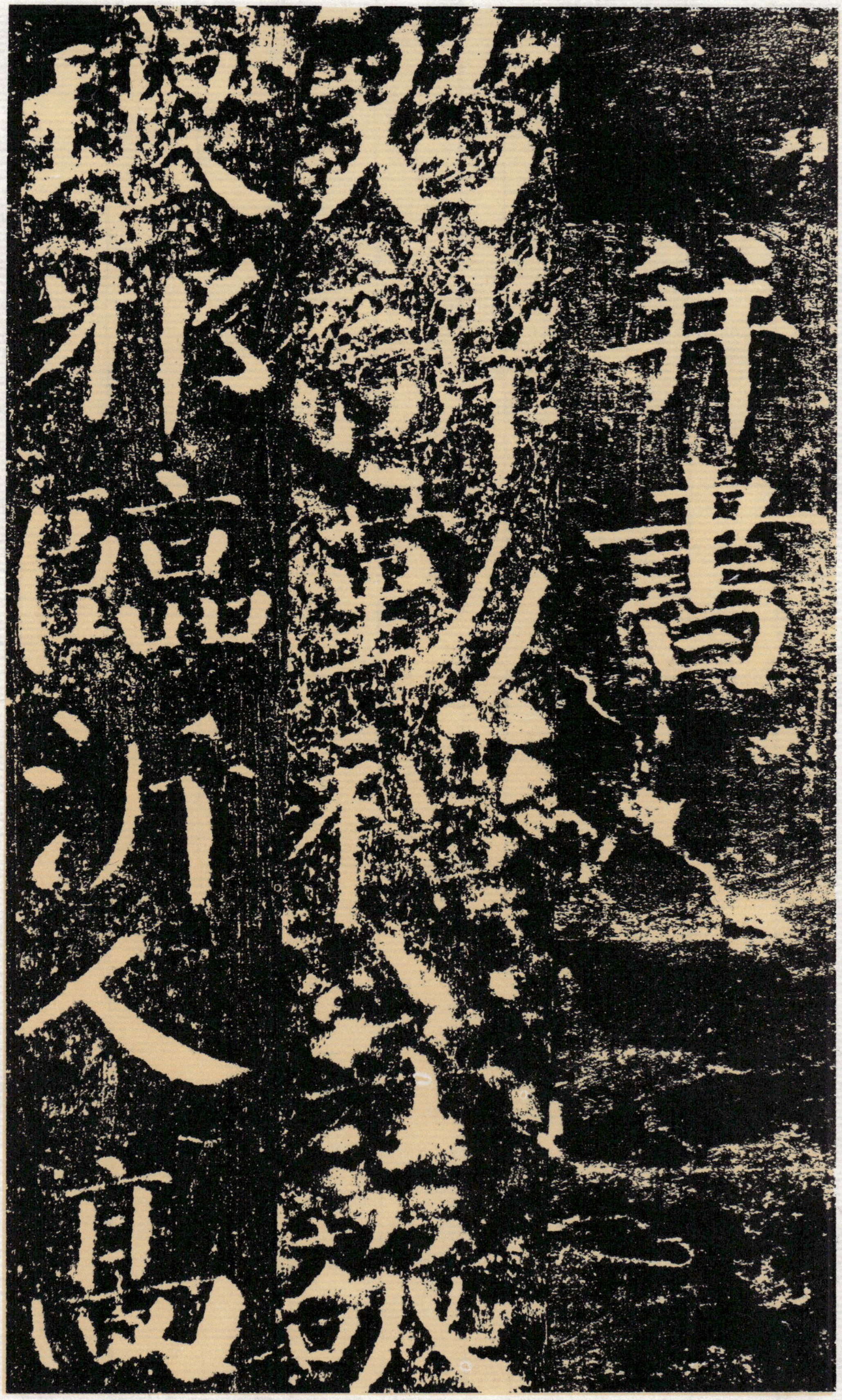

并書。君諱勤禮，字敬，琅邪臨沂人。高

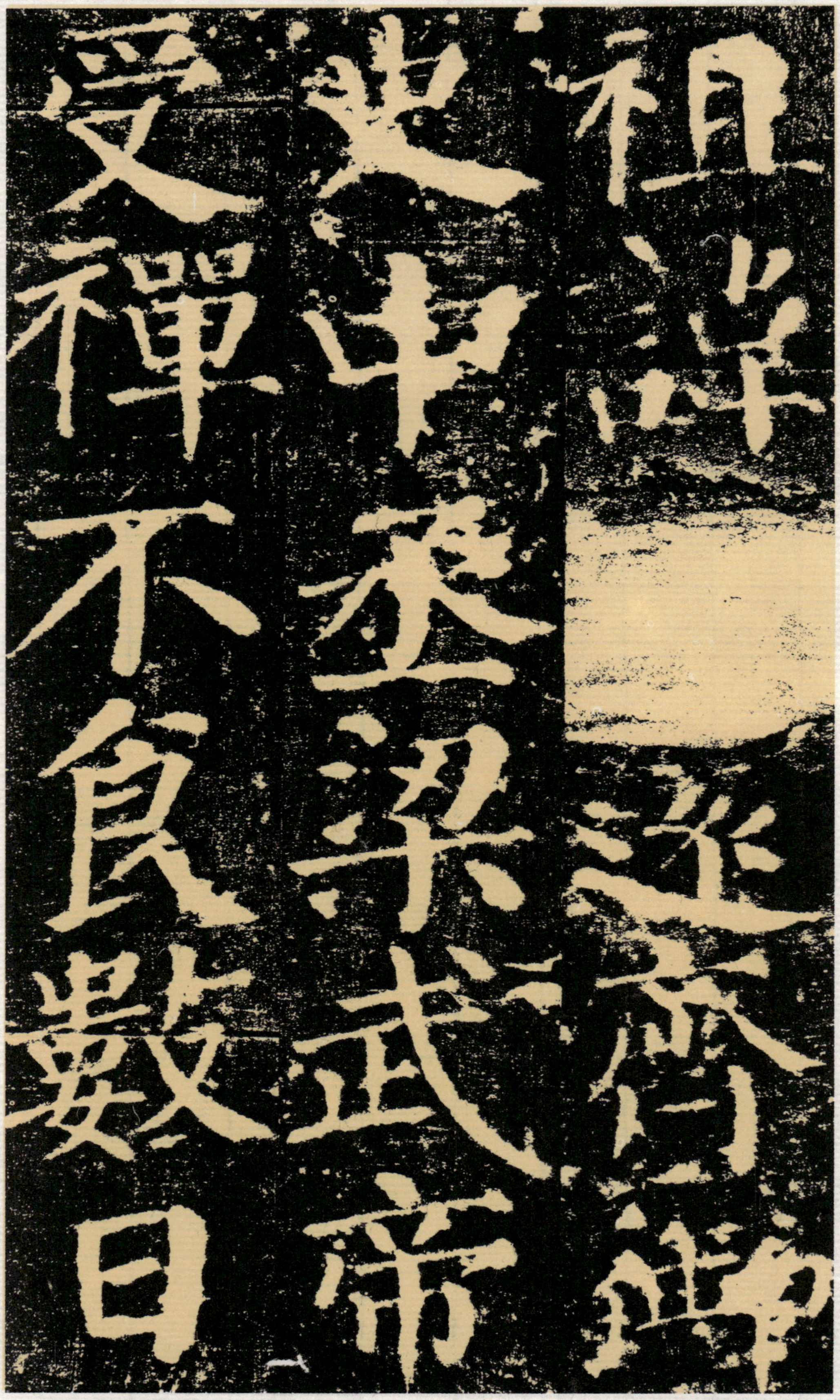

祖諱[見]遠，齊御史中丞，梁武帝受禪，不食數日，

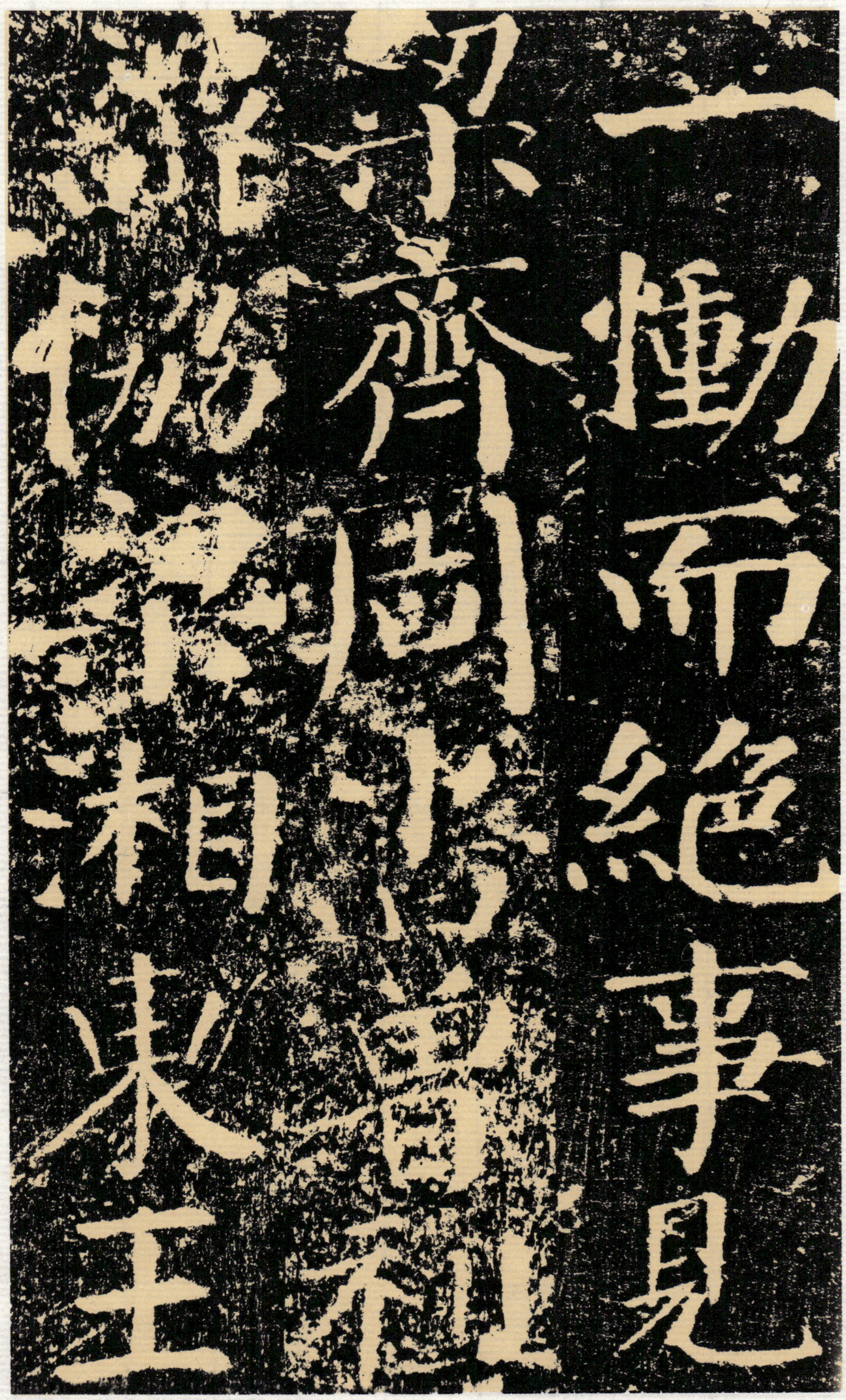

一慟而絶，事見《梁》、《齊》、《周書》。曾祖諱協，梁湘東王

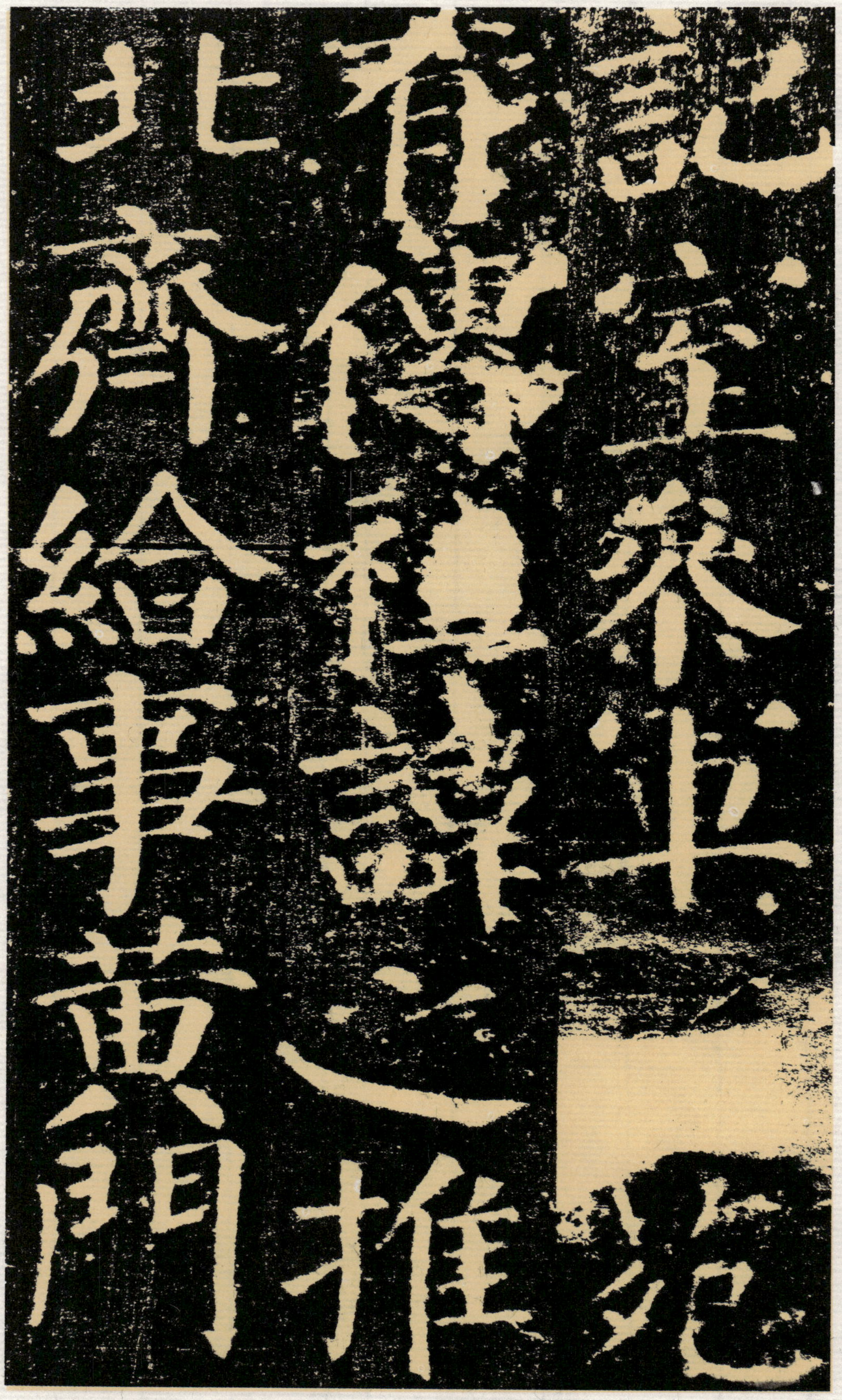

記室參軍，《文苑》有傳。祖諱之推，北齊給事黃門

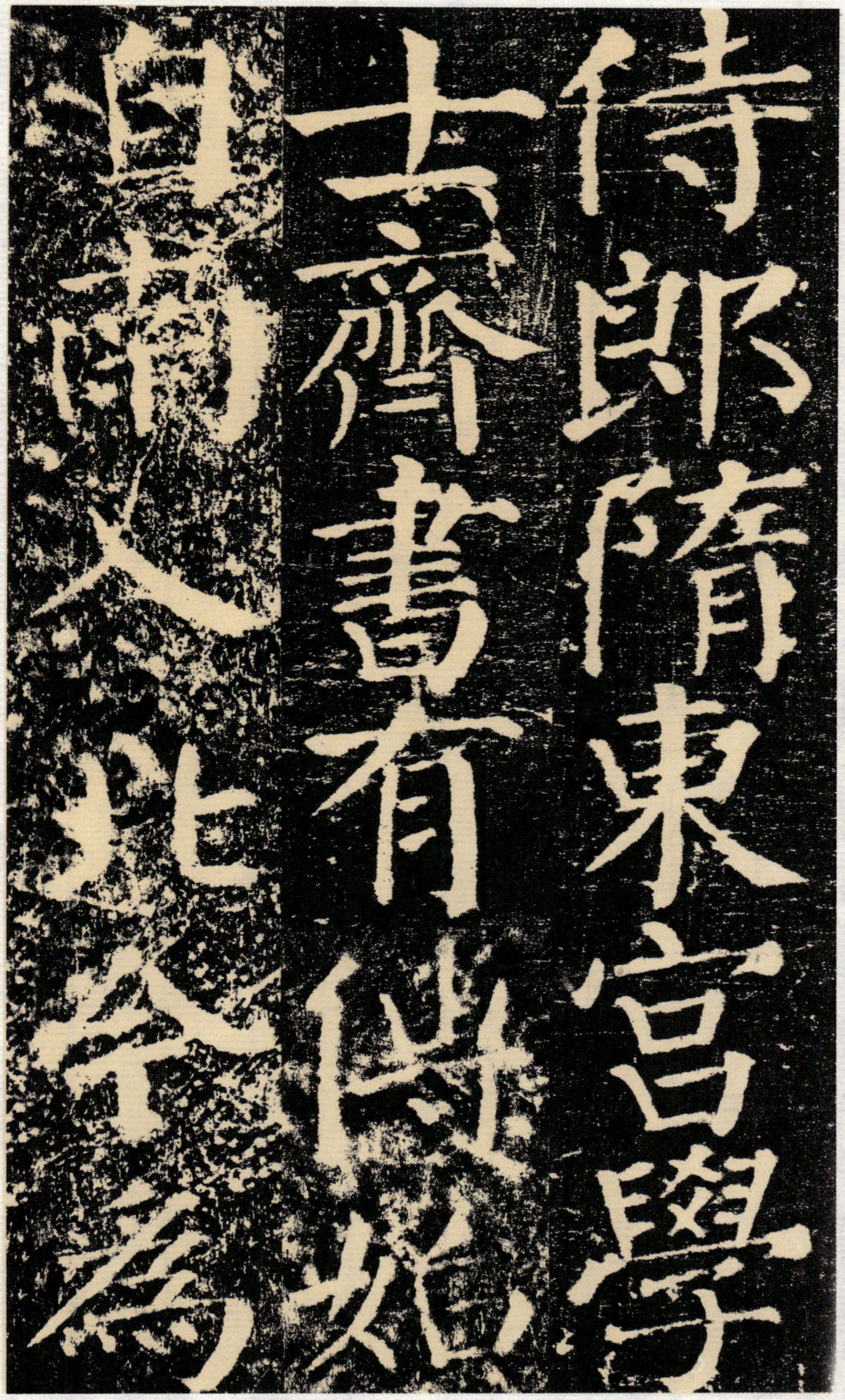

侍郎，隋東宮學士，《齊書》有傳。始自南入北，今爲

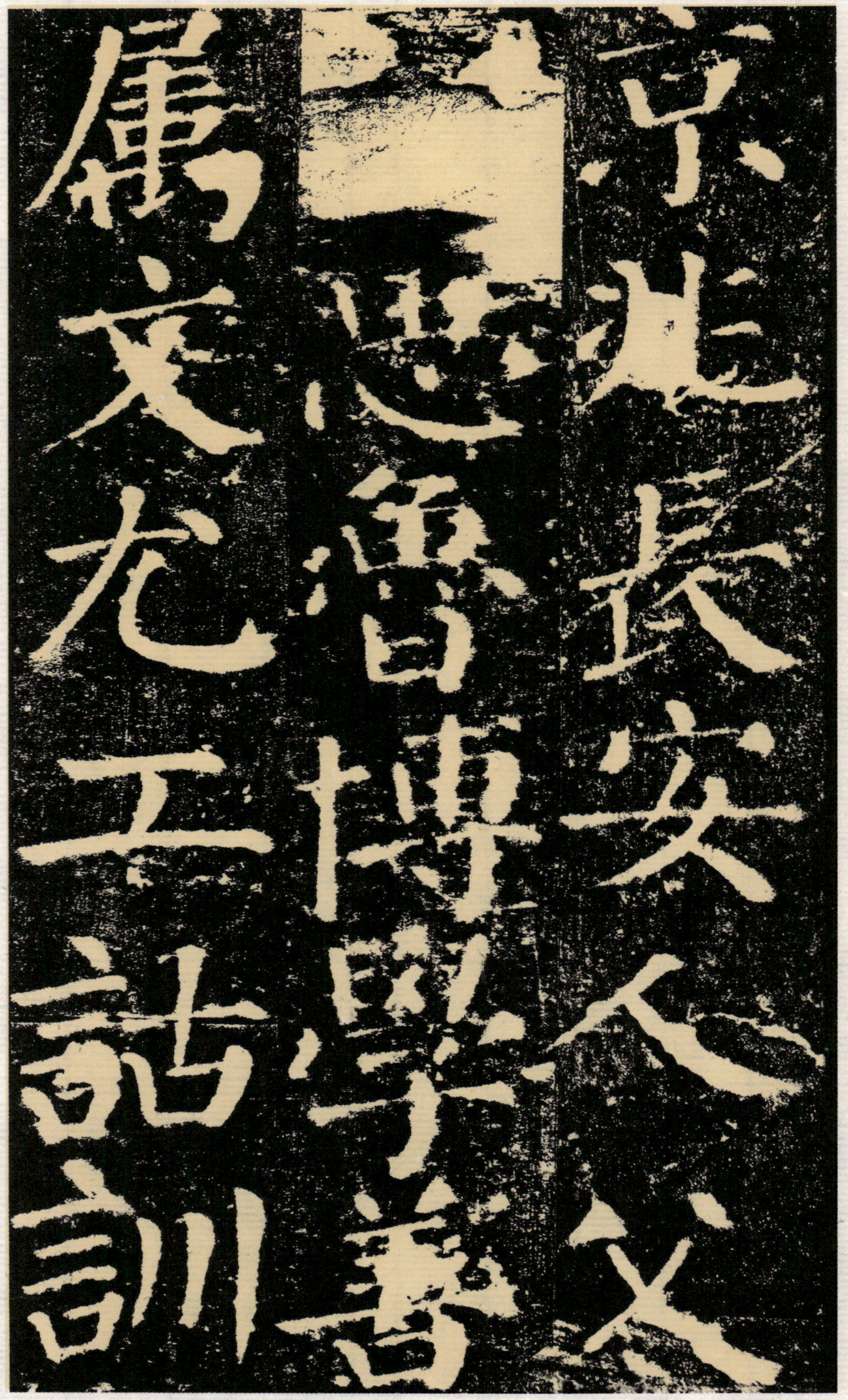

京兆長安人。父諱思魯，博學善屬文，尤工詁訓。

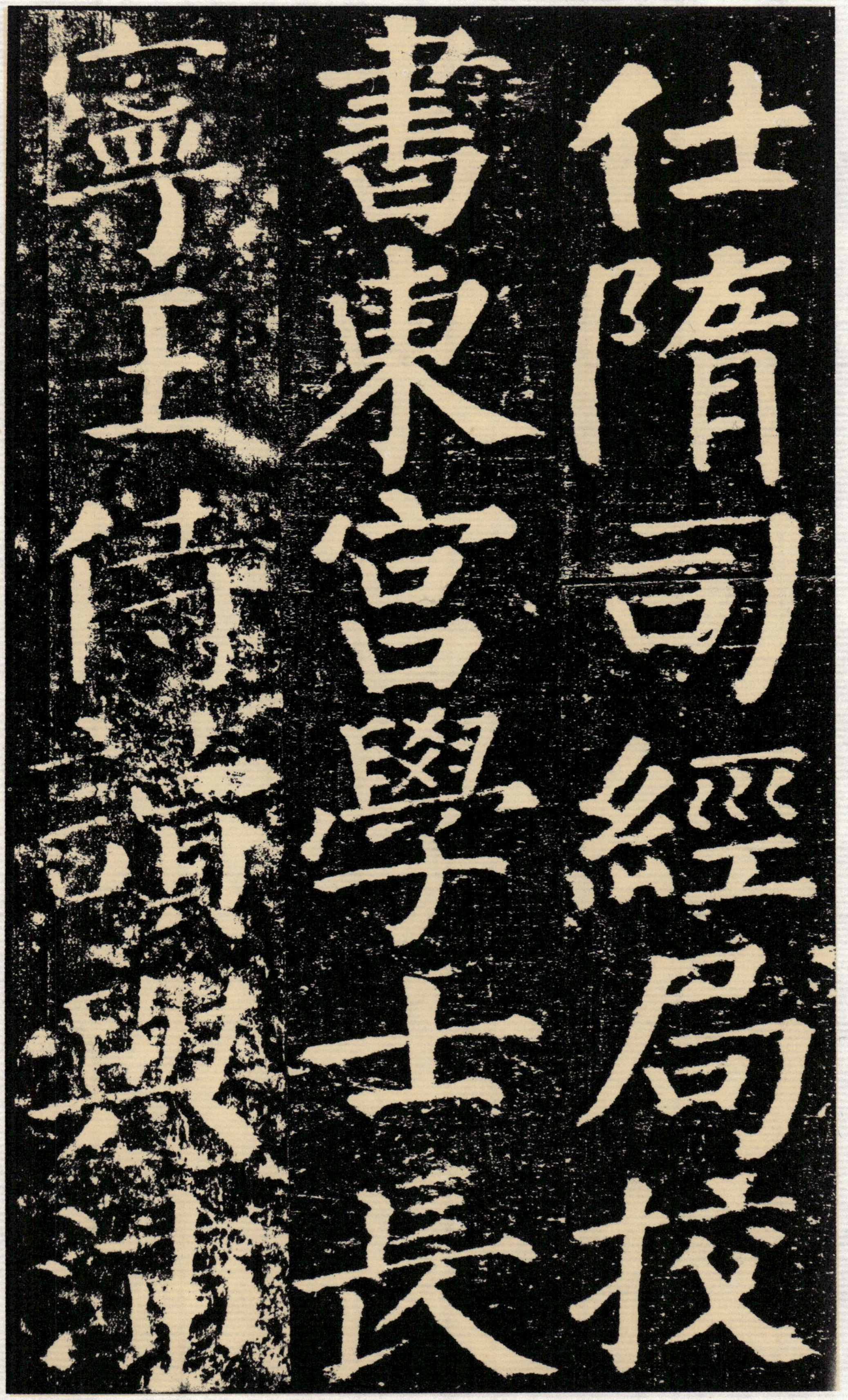

仕隋司經局校書、東宮學士、長寧王侍讀，與沛

國劉臻辯論經義，臻屢屈焉。《齊書·黃門傳》云《集

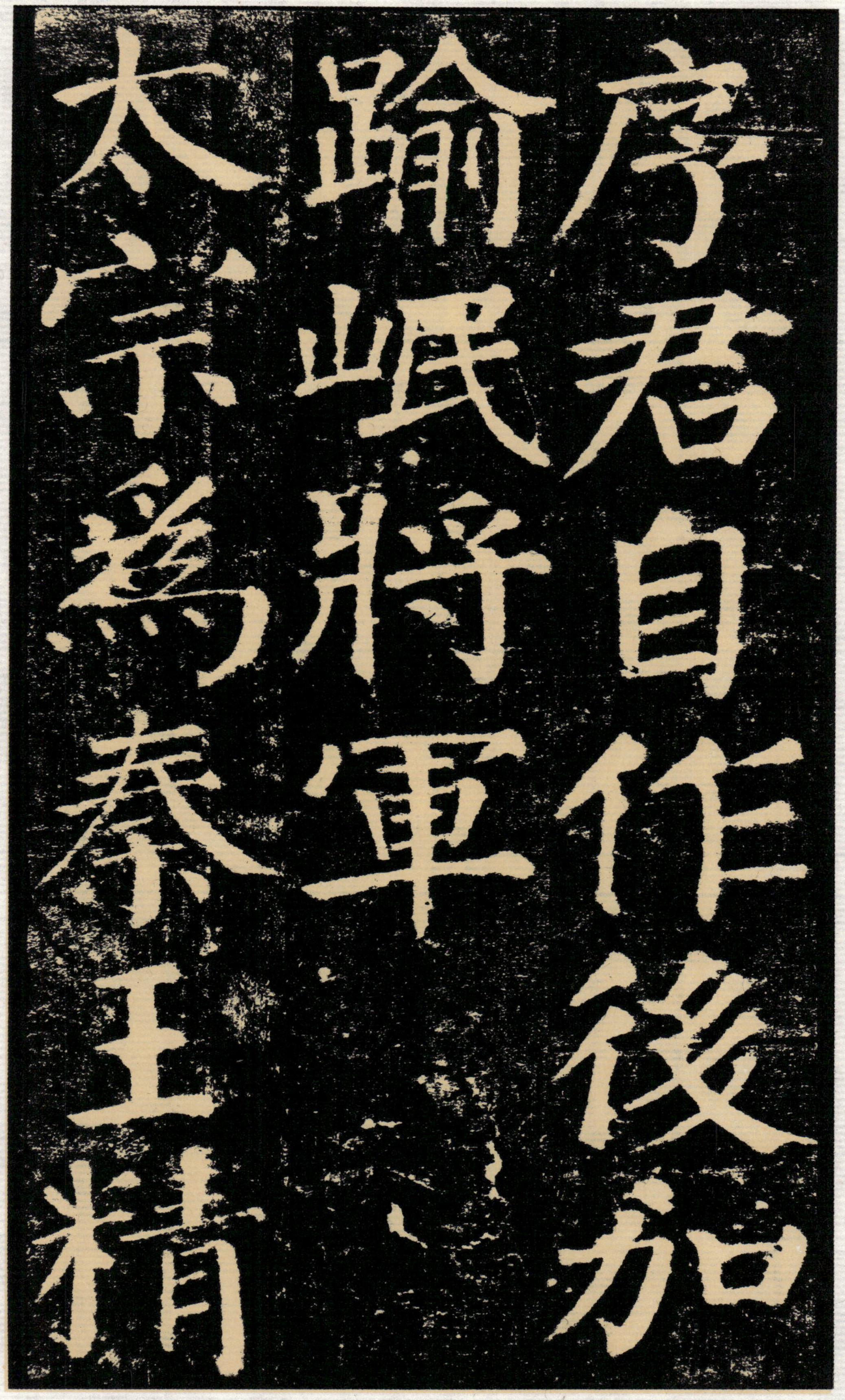

序》，君自作。後加踰岷將軍。太宗爲秦王，精

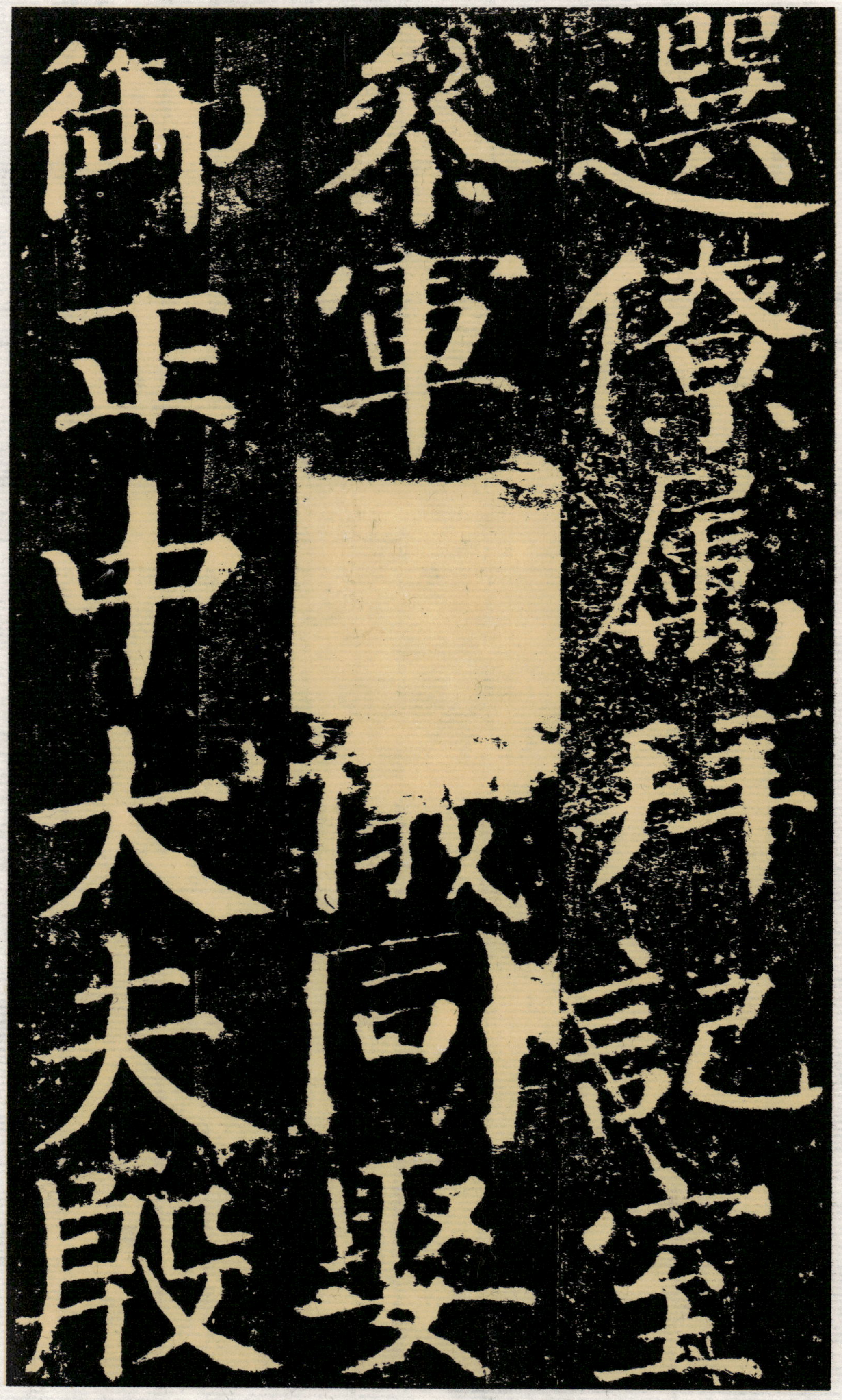

選僚屬，拜記室參軍，加儀同。娶御正中大夫殷

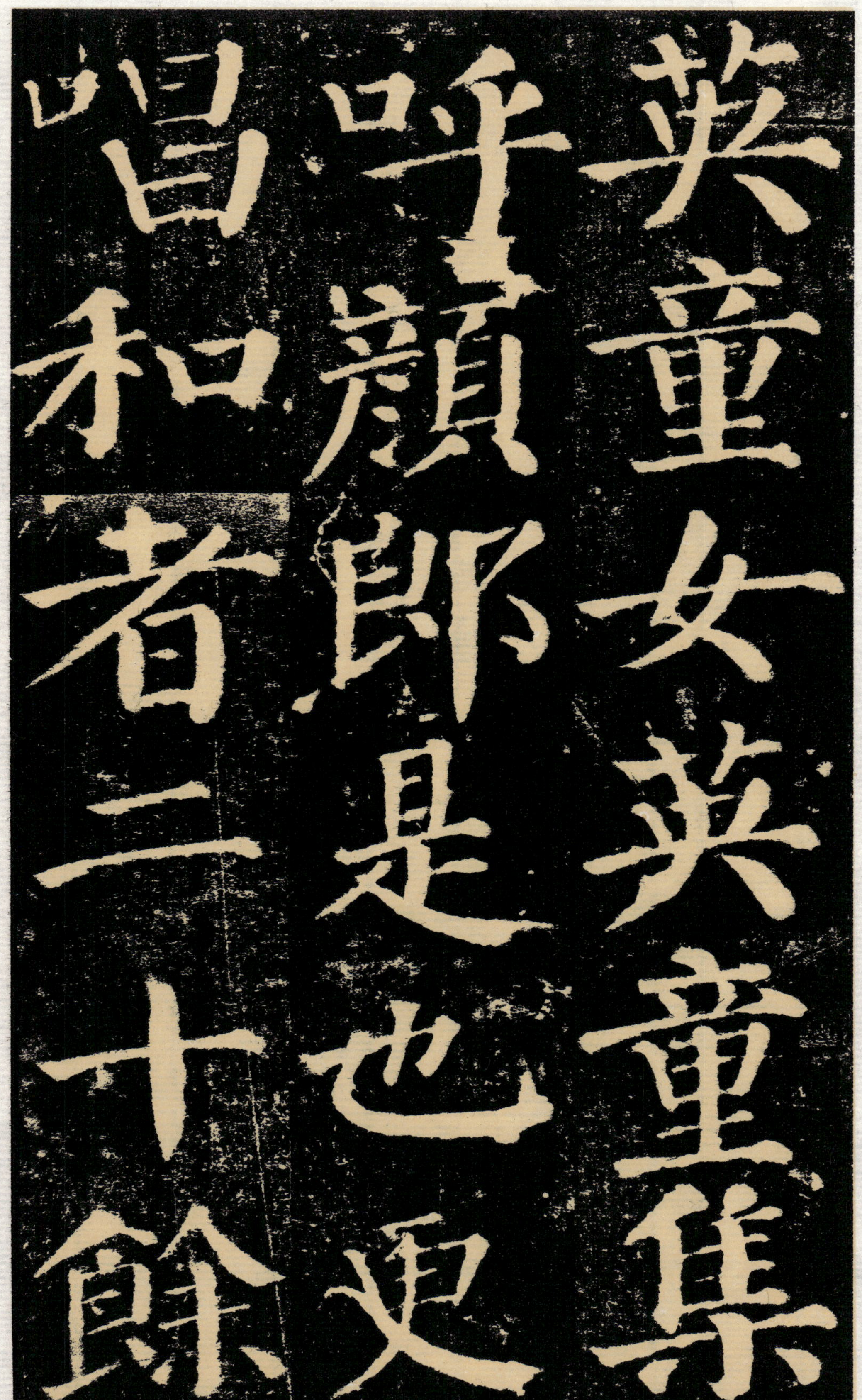

英童女，英童集呼顏郎是也，更唱者二十餘

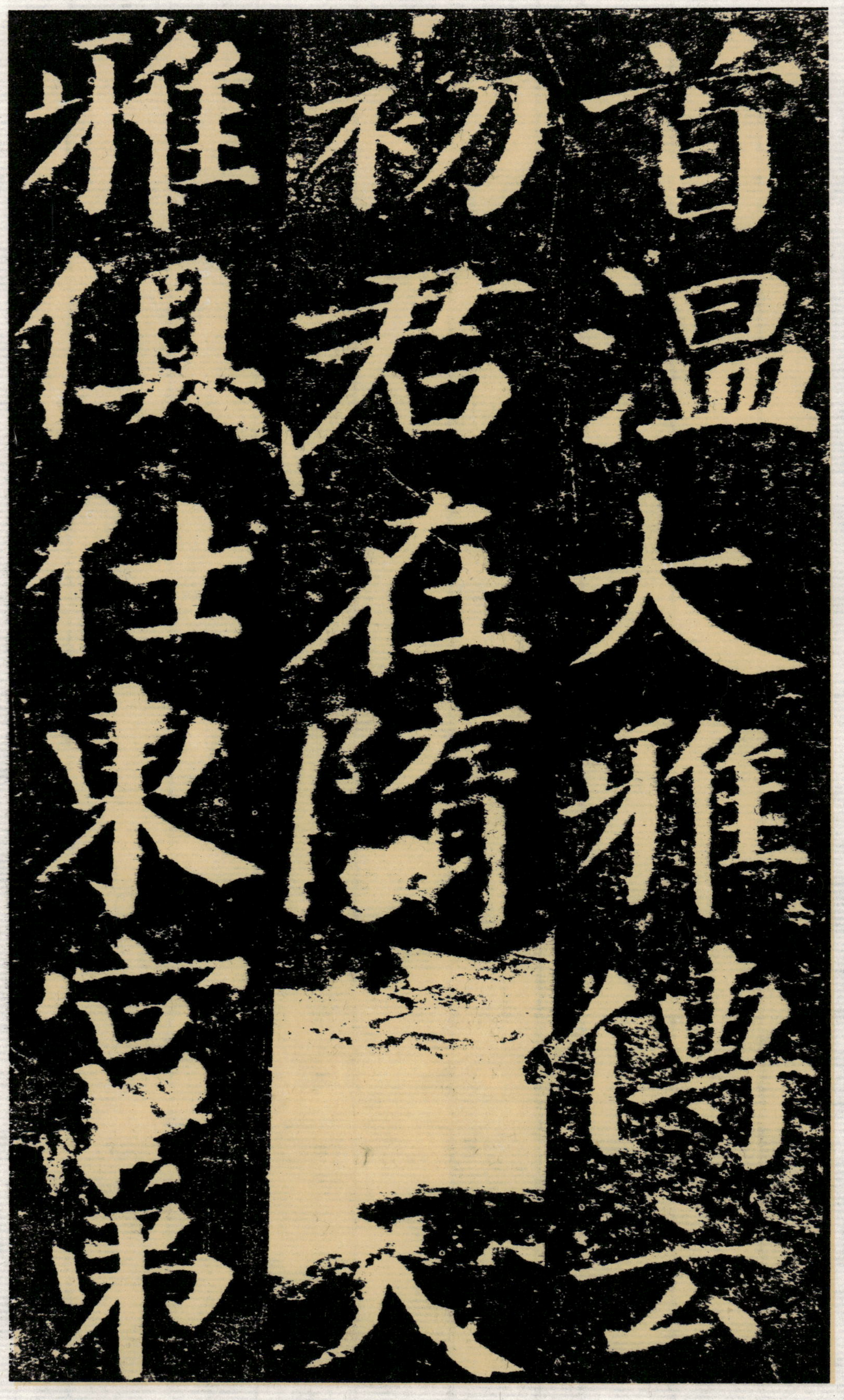

首。《温大雅傳》云：『初君在隋，與大雅俱仕東宮，弟

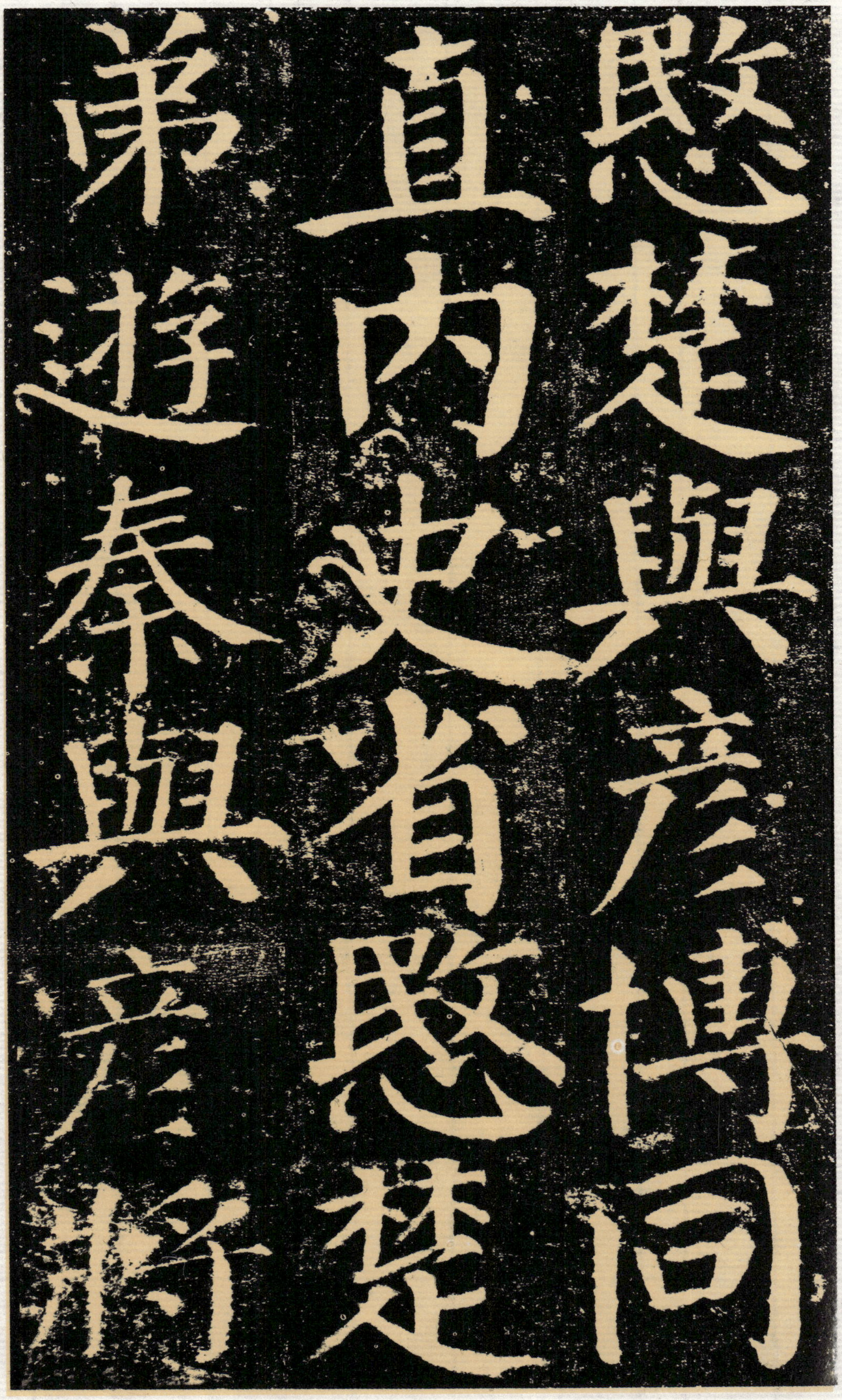

愍楚，與彥博同直內史省，愍楚弟遊秦與彥將

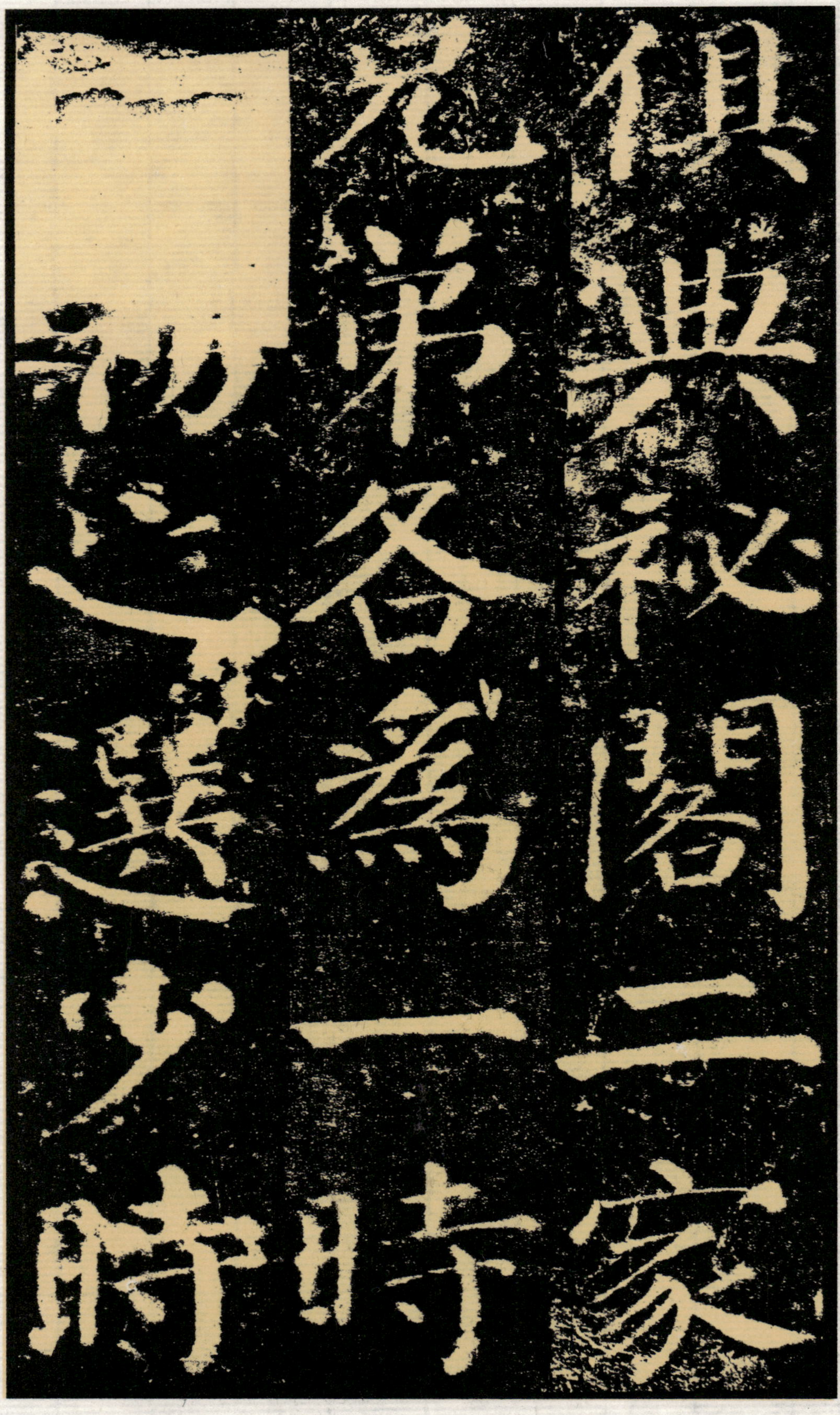

俱典秘閣。二家兄弟，各爲一時[人][物]之選。少時

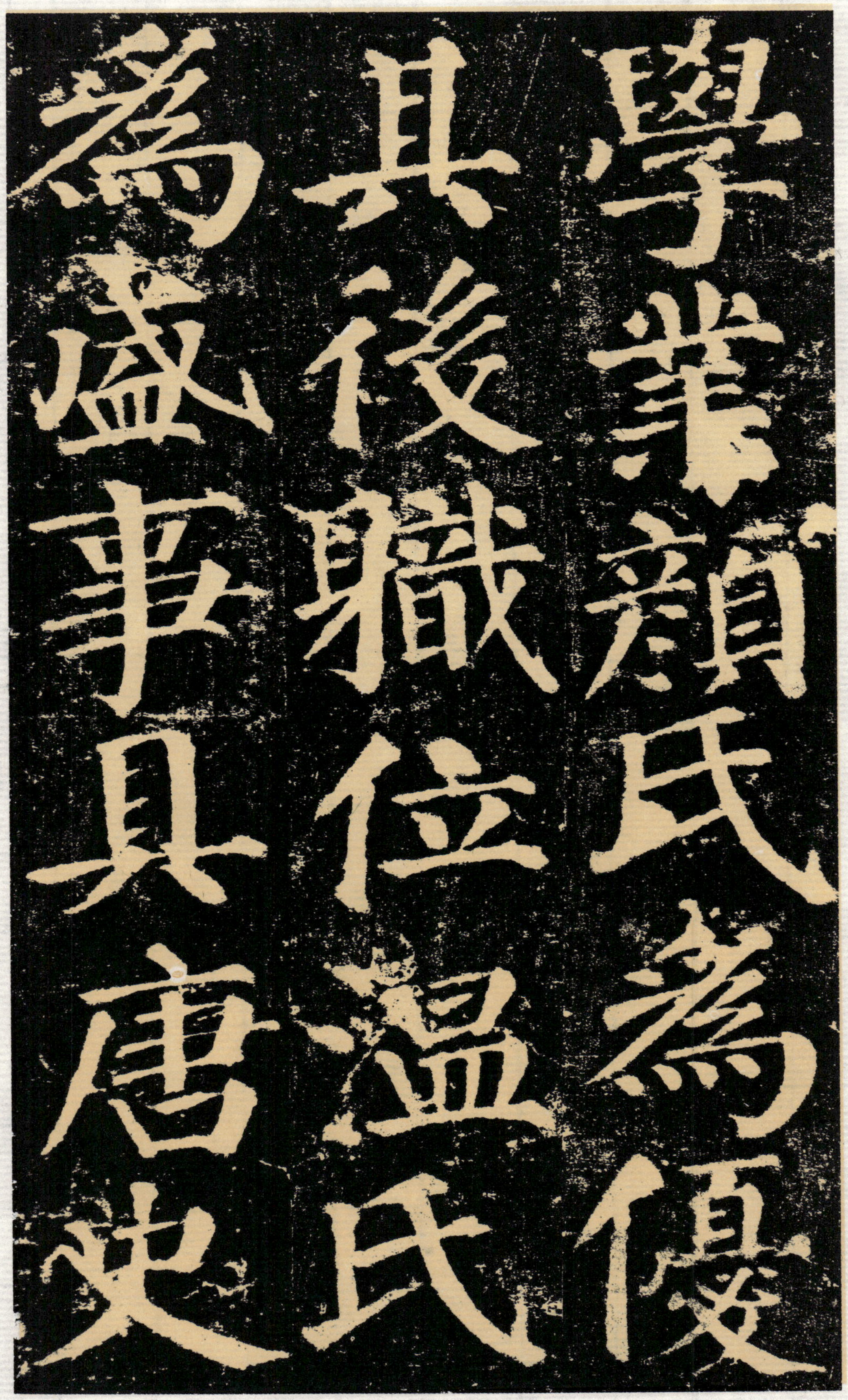
學業顏氏爲優
其後職位溫氏
爲盛事具唐史

學業，顏氏爲優，其後職位，温氏爲盛。』事具《唐史》。

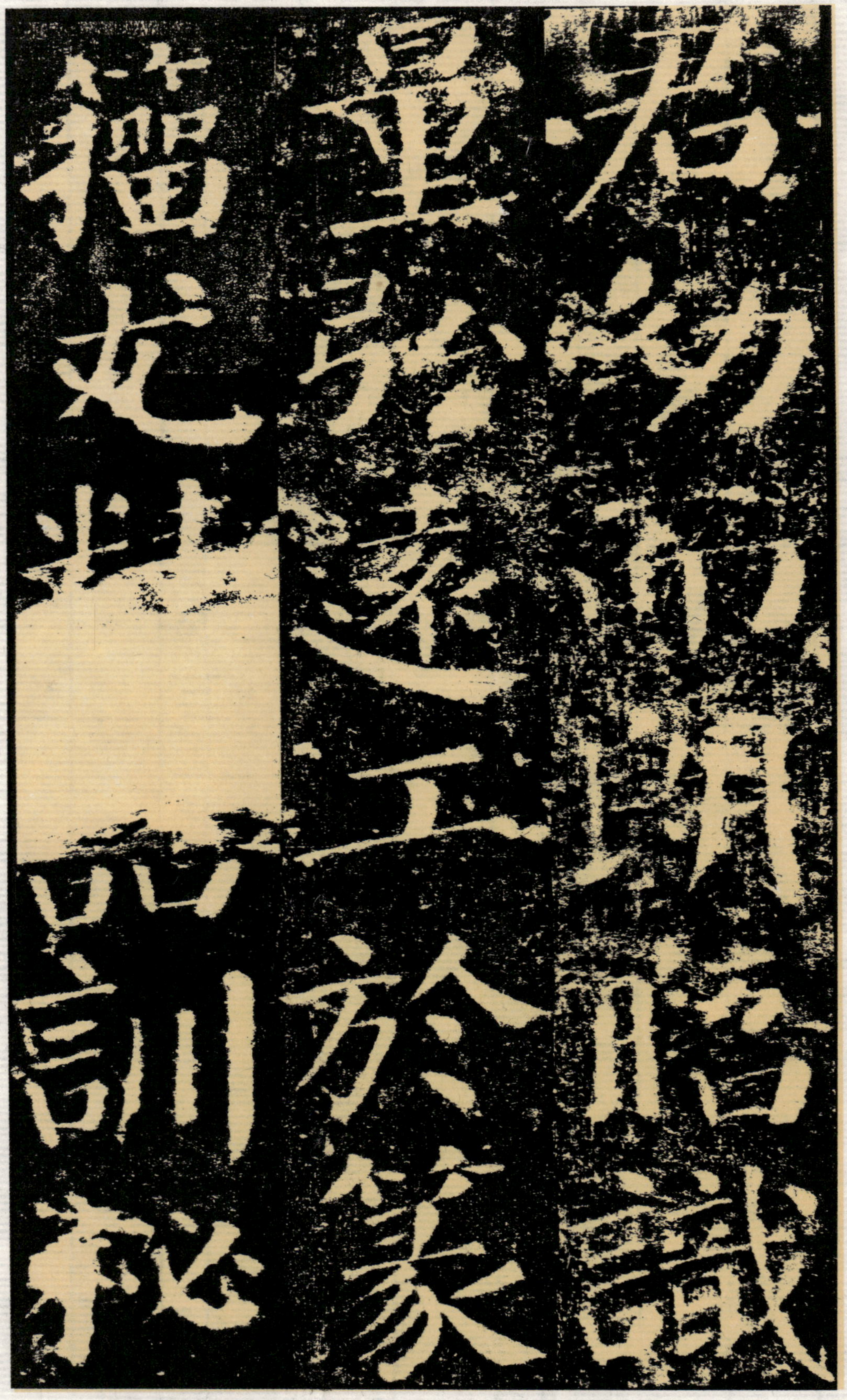

君幼而朗晤，識量弘遠，工於篆籀，尤精詁訓，秘

閣司經，史籍多所刊定。義寧元年十一月，從

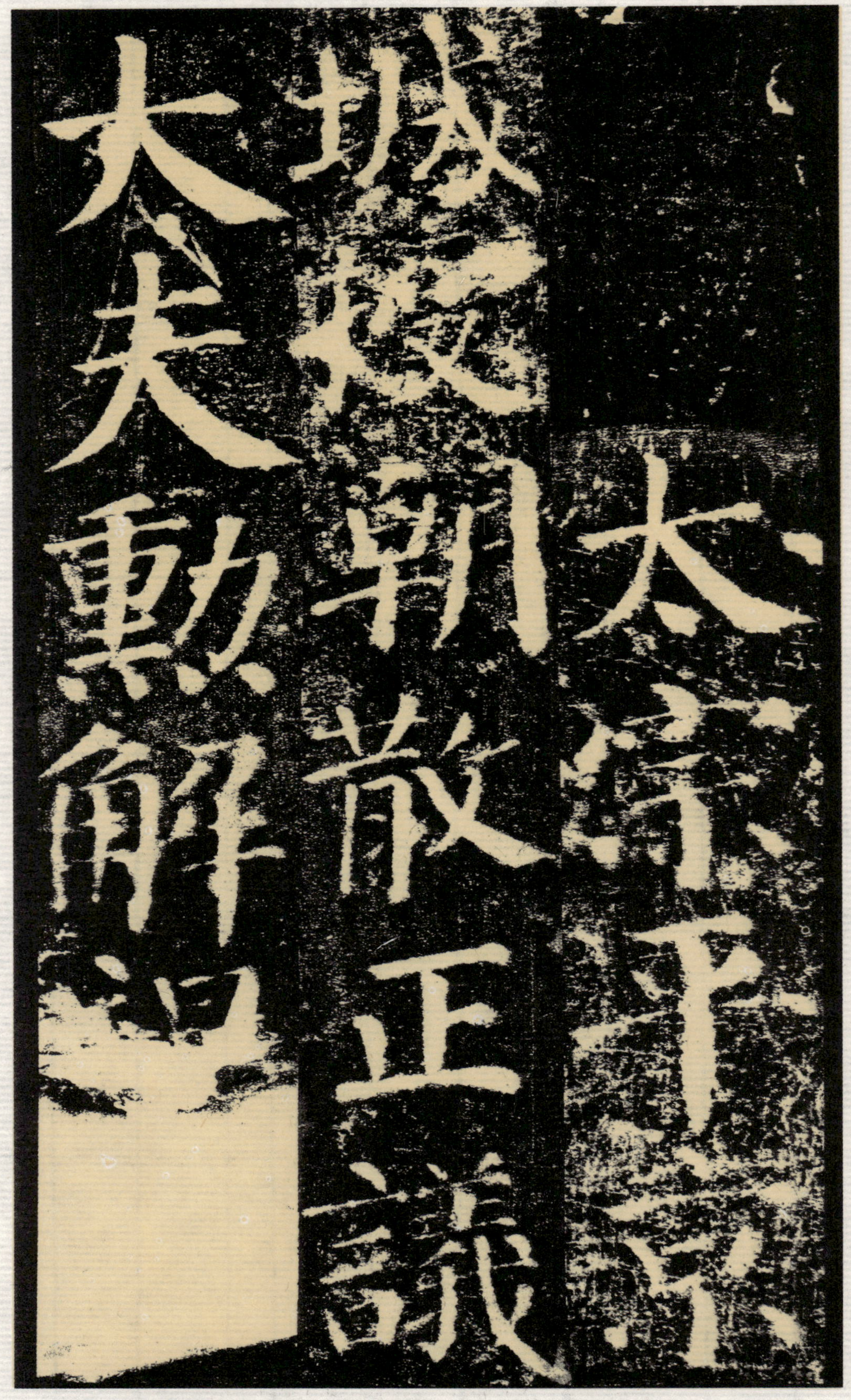

太宗平京城，授朝散正議大夫勳，解褐秘

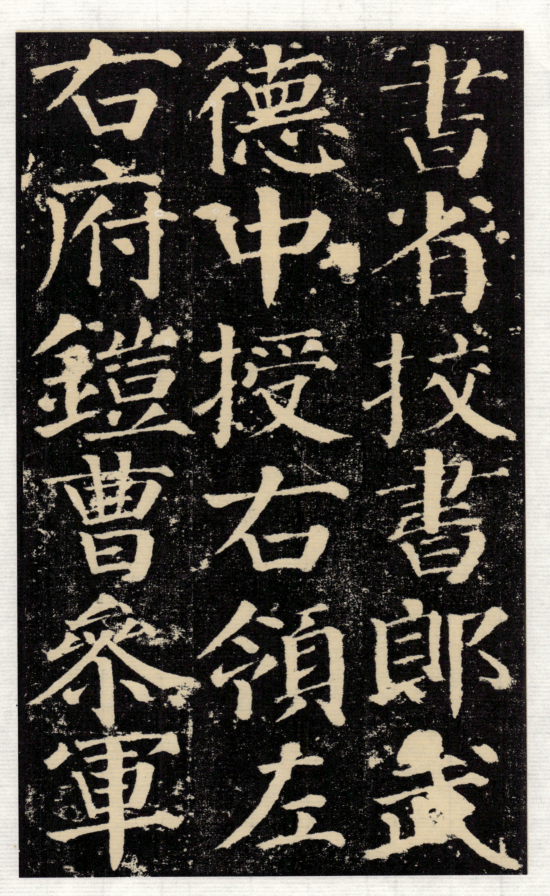

書省校書郎武
德中授右領左
右府鎧曹參軍

書省校書郎。武德中授右領左右府鎧曹參軍，

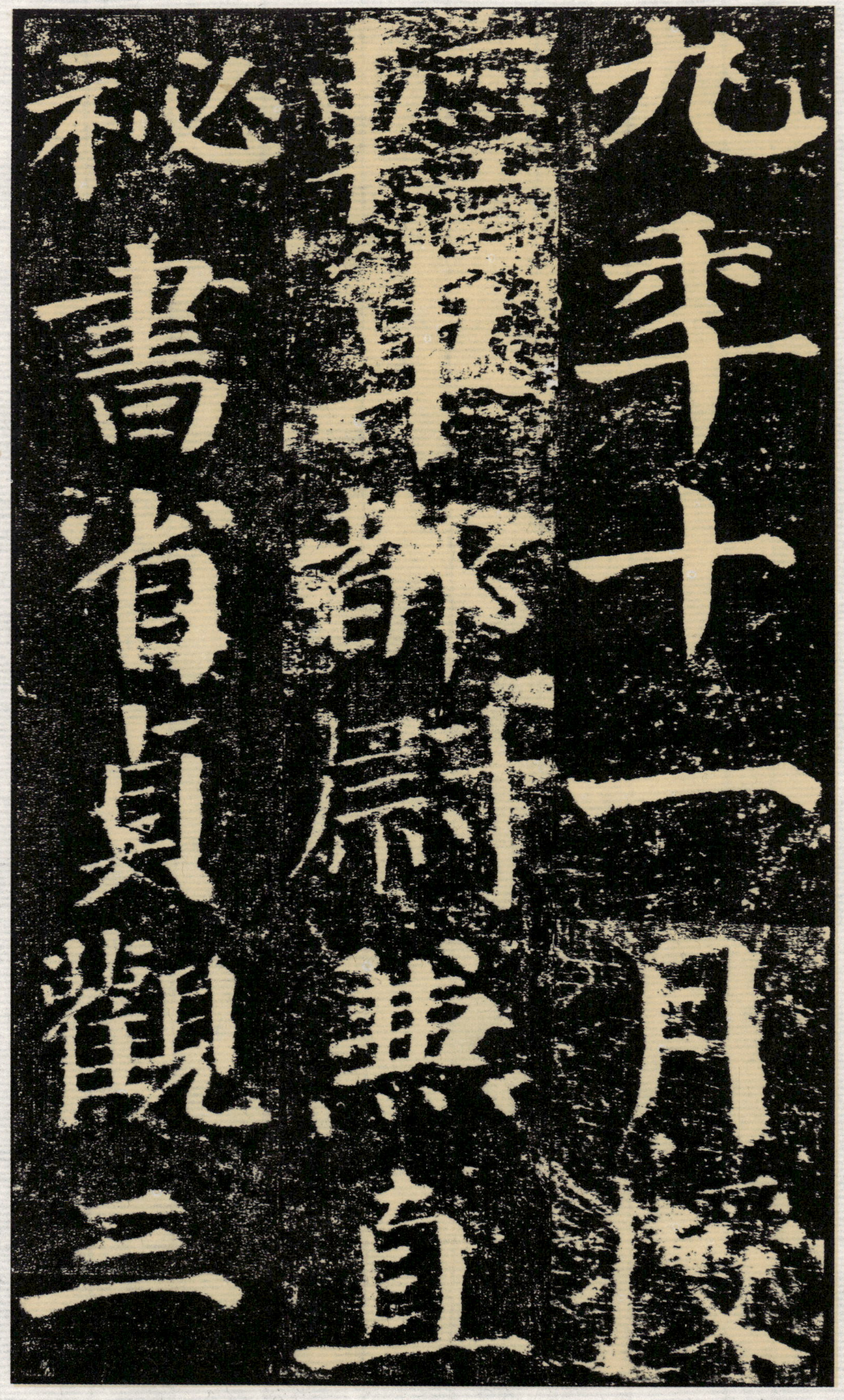

九年十一月授輕車都尉兼直秘書省。貞觀三

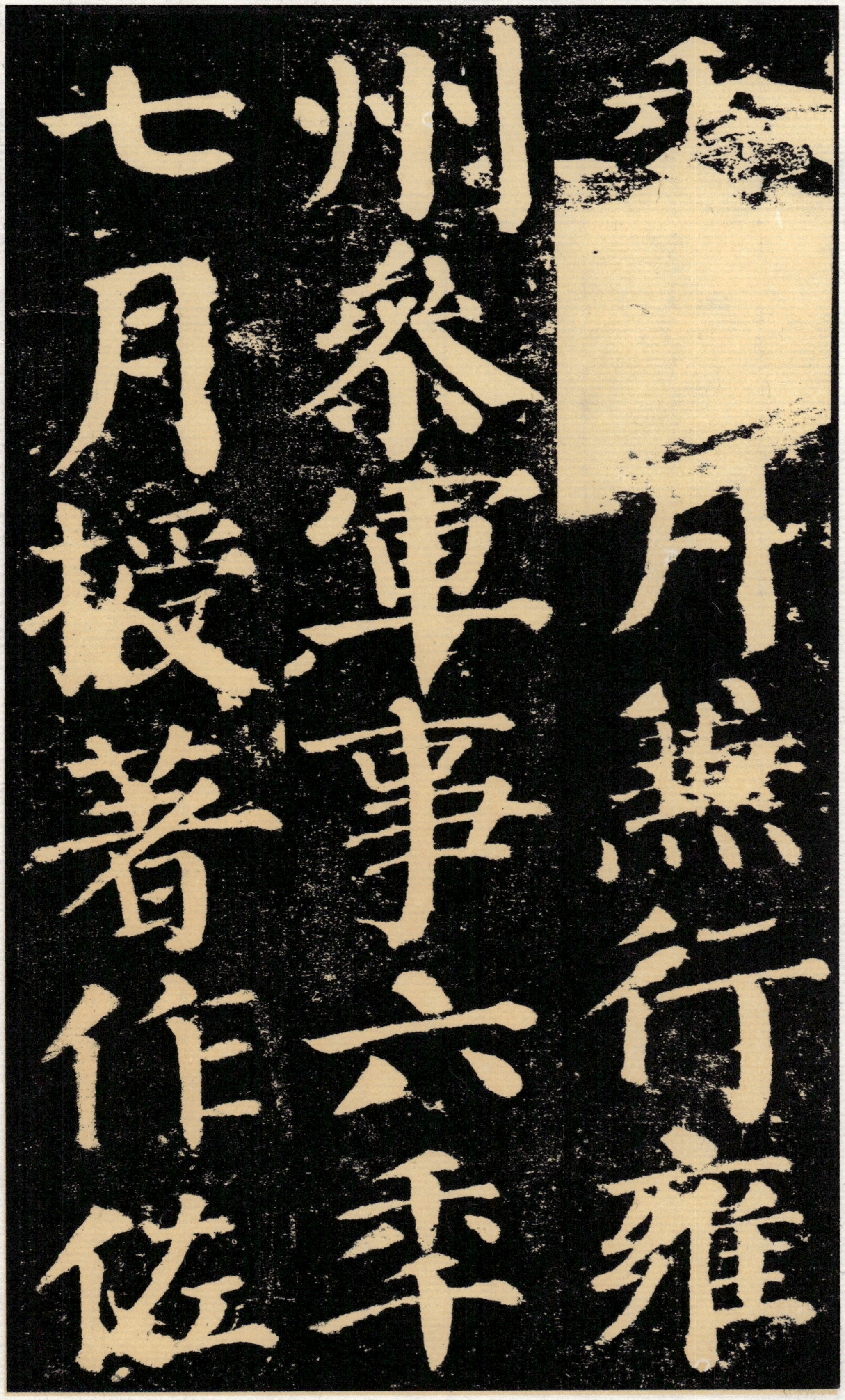

年[六]月兼行雍州參軍事，六年七月授著作佐

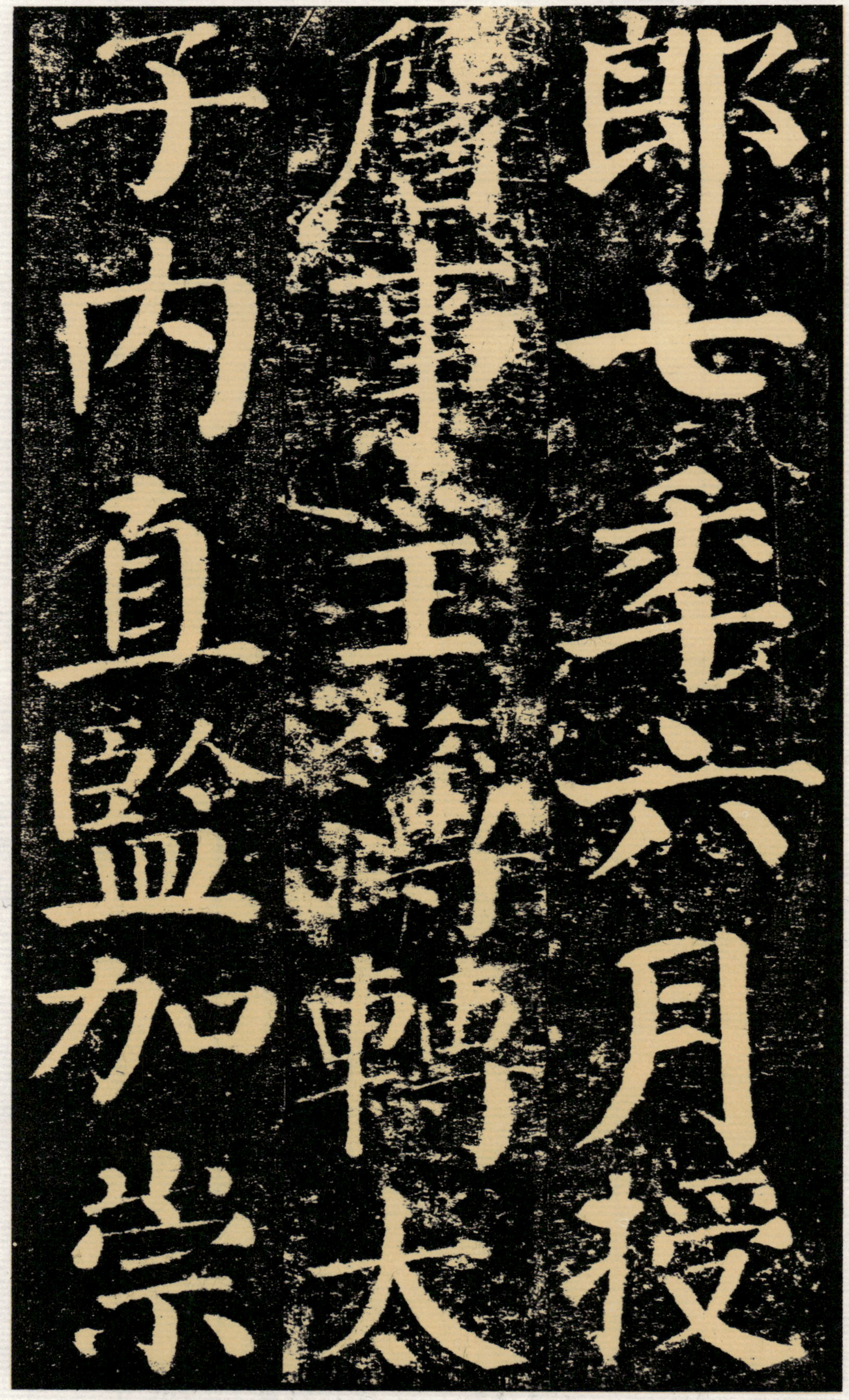

郎，七年六月授倉事主簿，轉太子內直監，加崇

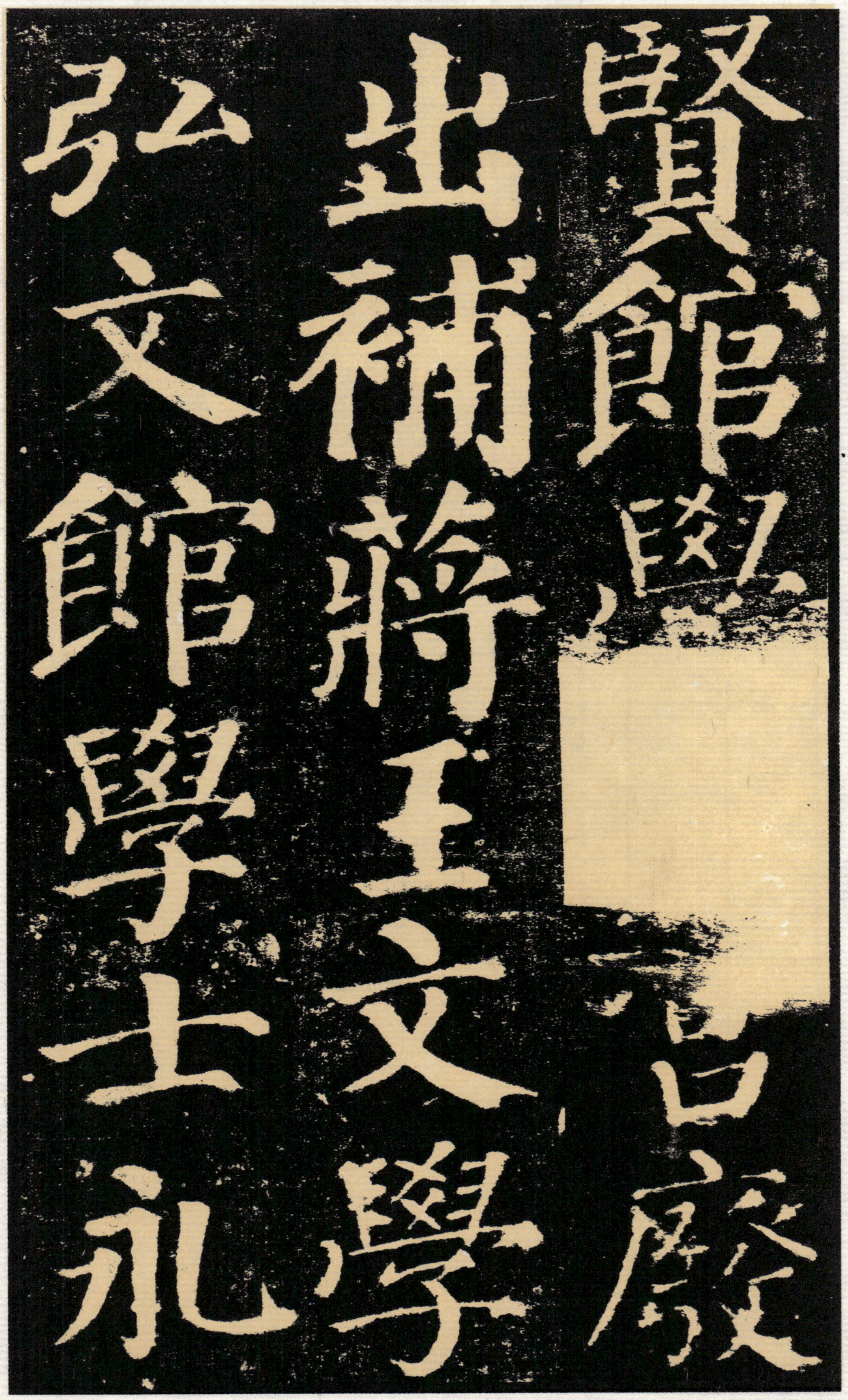

賢館學士。宮廢，出補蔣王文學、弘文館學士。永

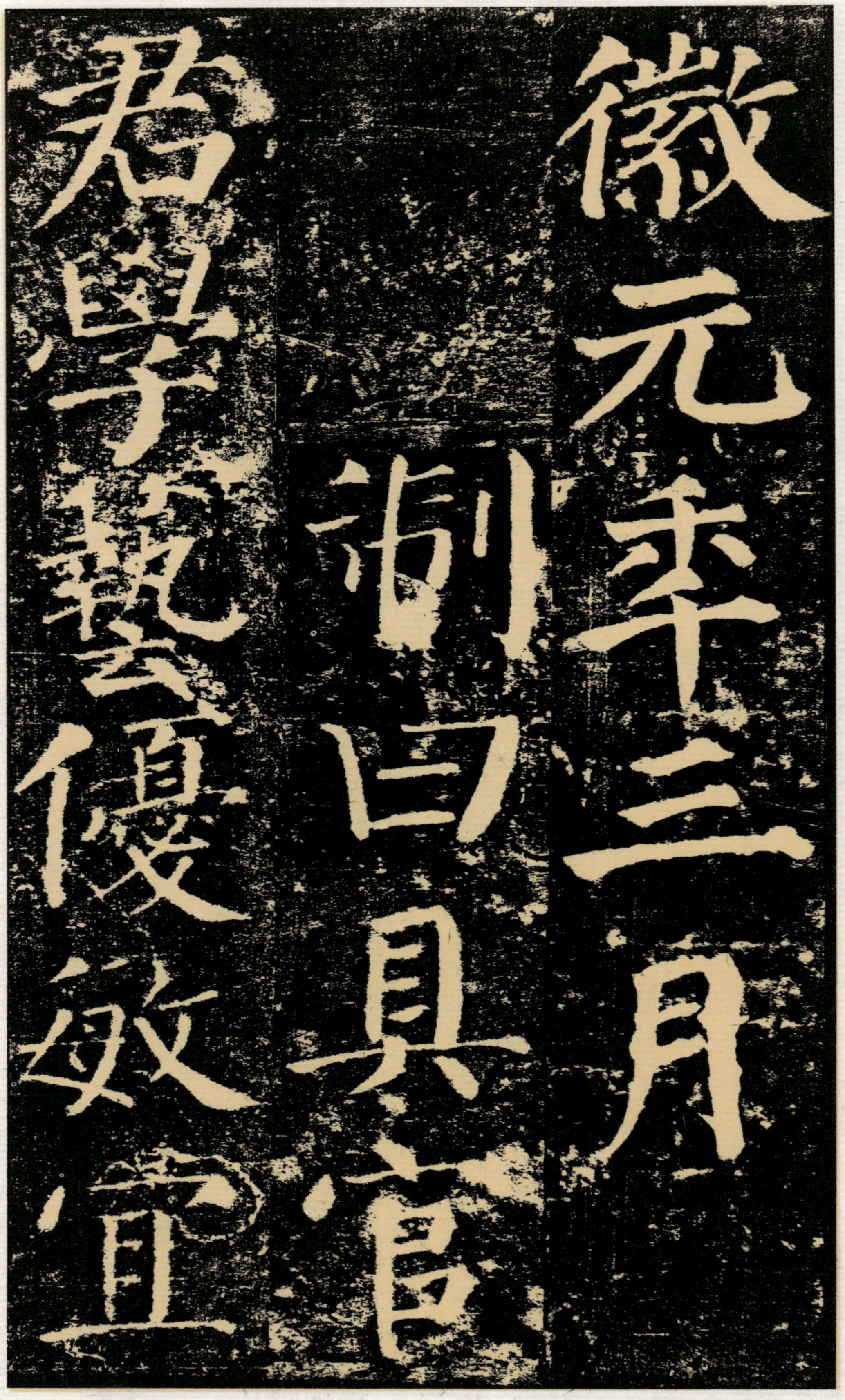

徽元年三月制曰：『具官君學藝優敏，宜

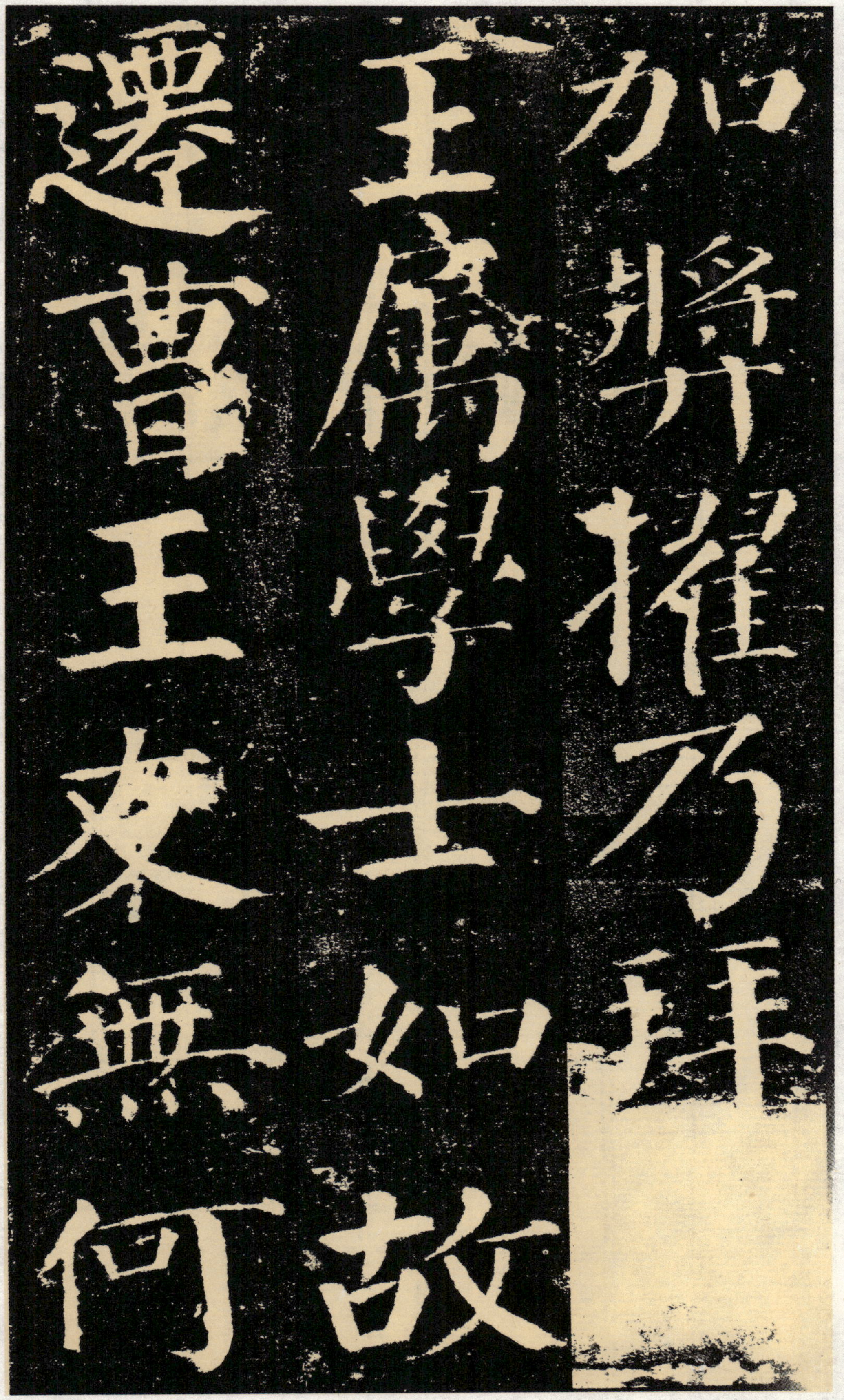

加奬擢，乃拜陳王属，學士如故。』遷曹王友。 無何，

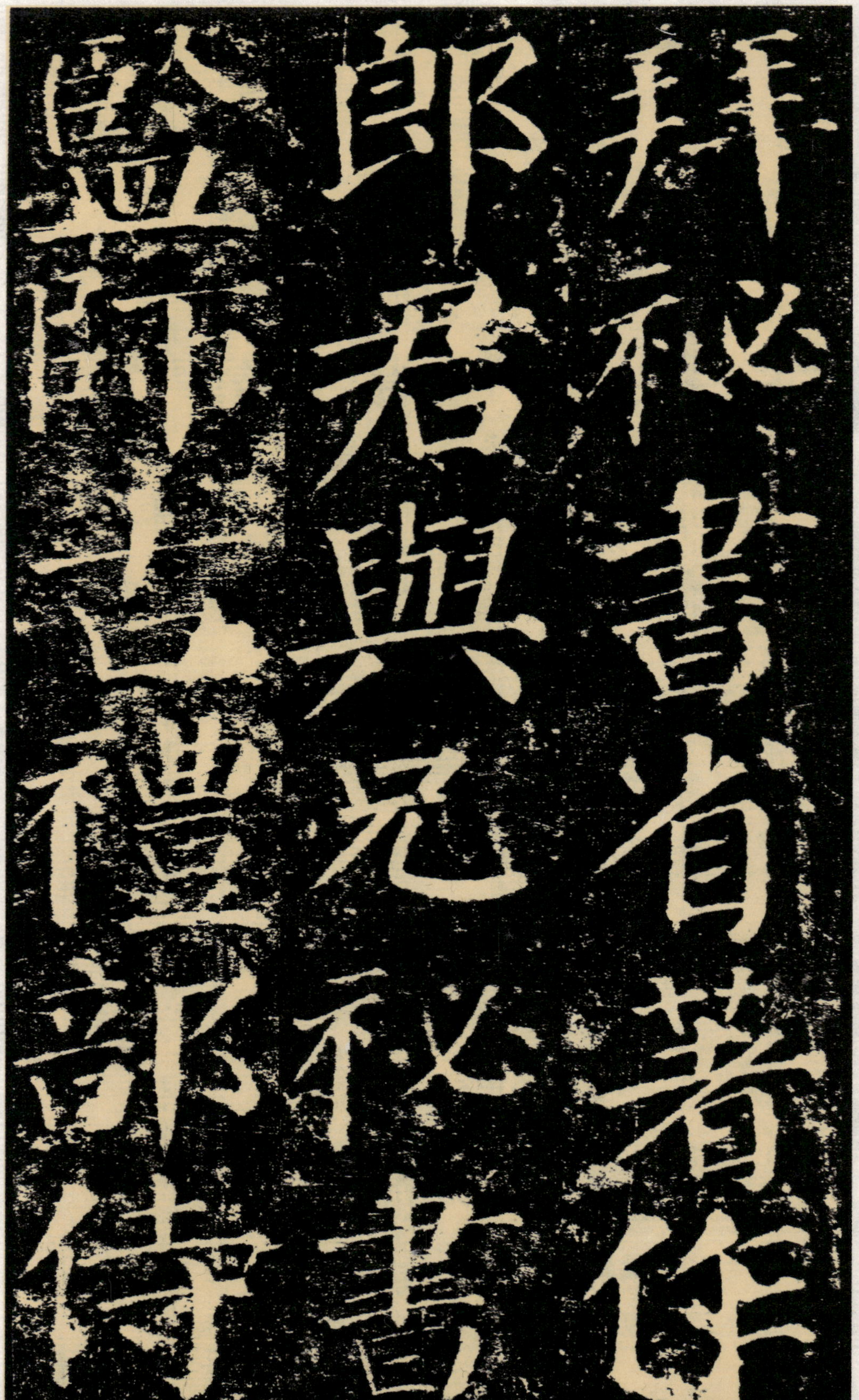

拜秘書省著作郎。君與兄秘書監師古、禮部侍

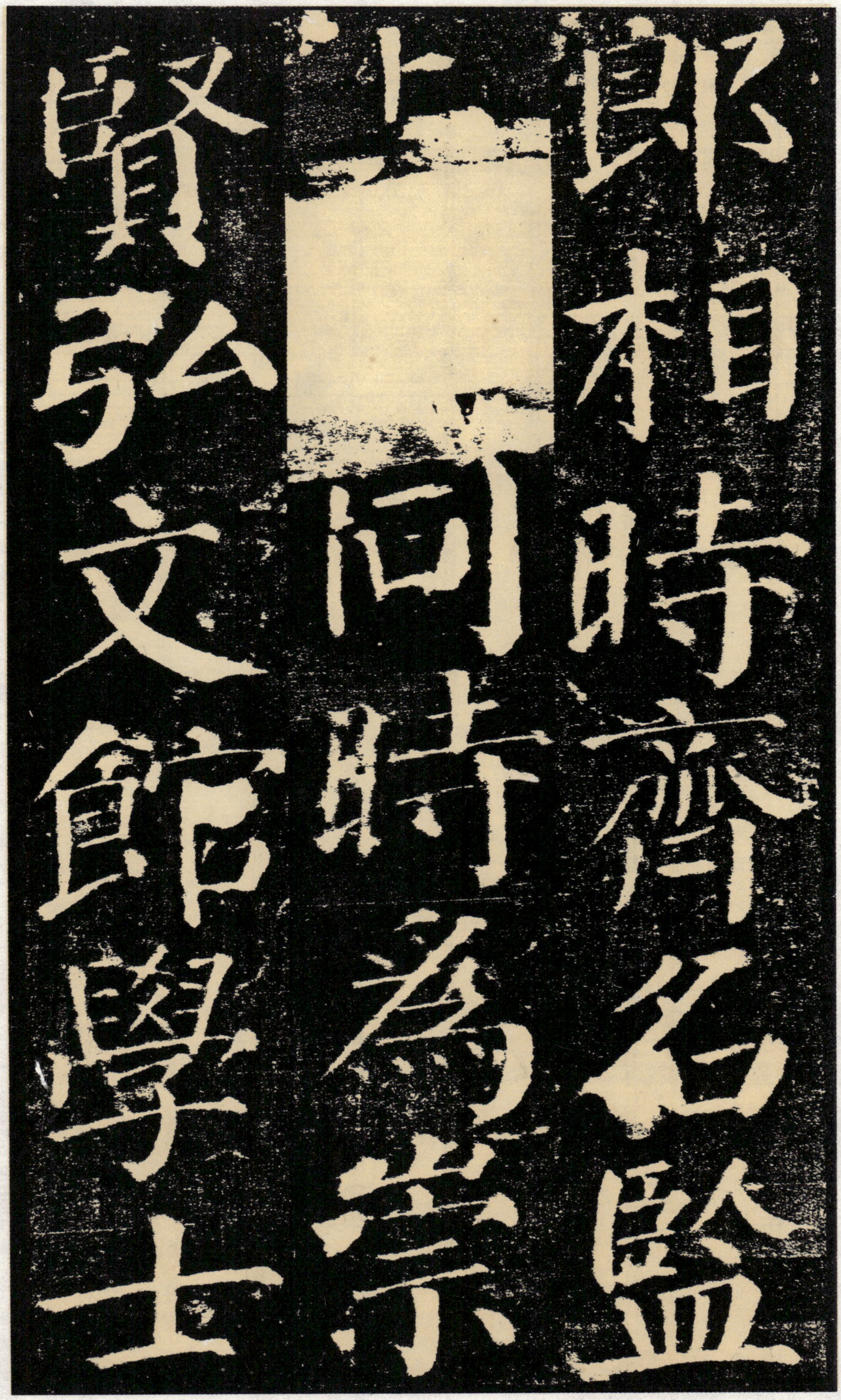

郎相時齊名，監□□同時爲崇賢弘文館學士，

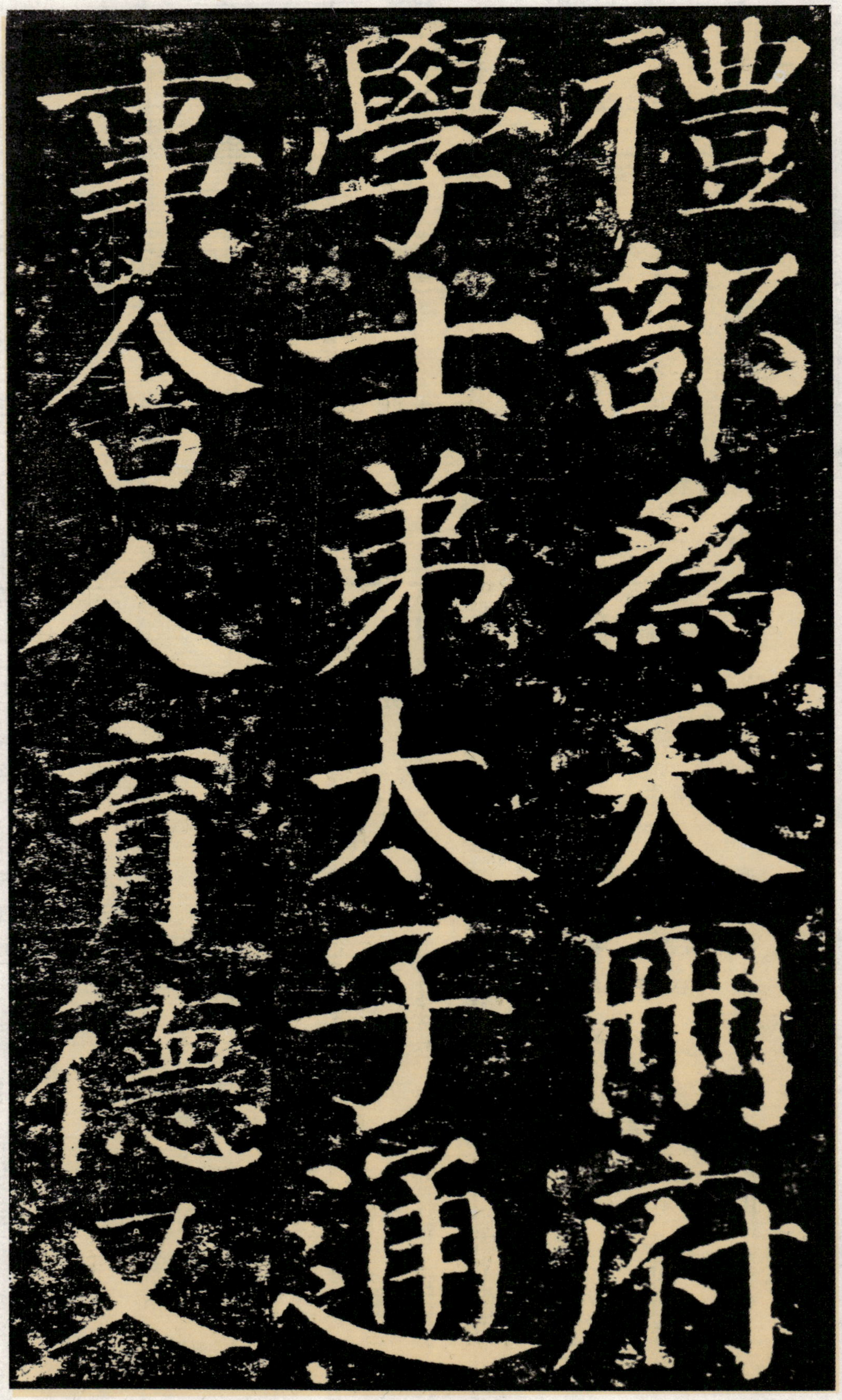

禮部爲天册府學士，弟太子通事舍人育德又

奉令於司經局校定經[史]。太宗嘗圖畫

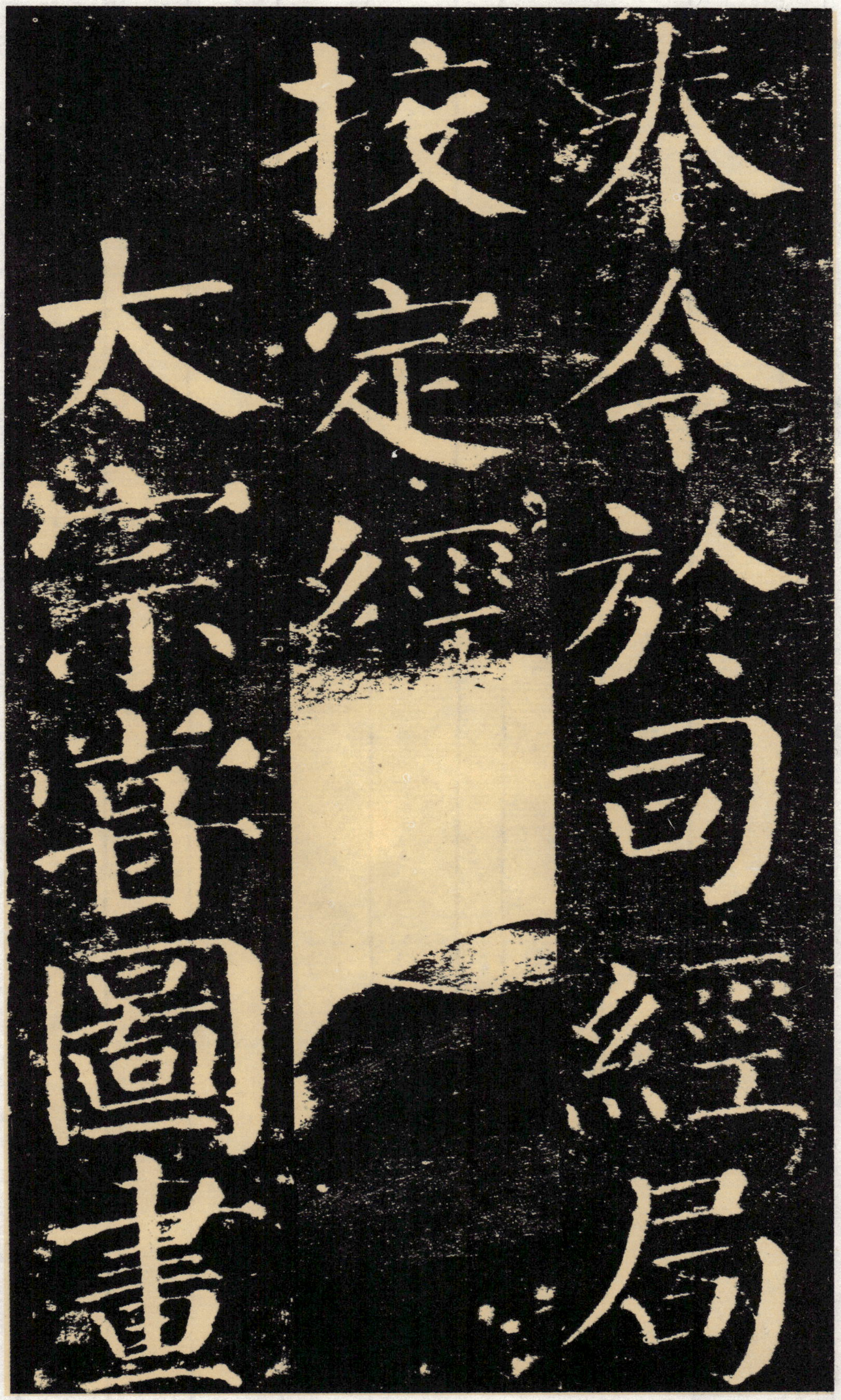

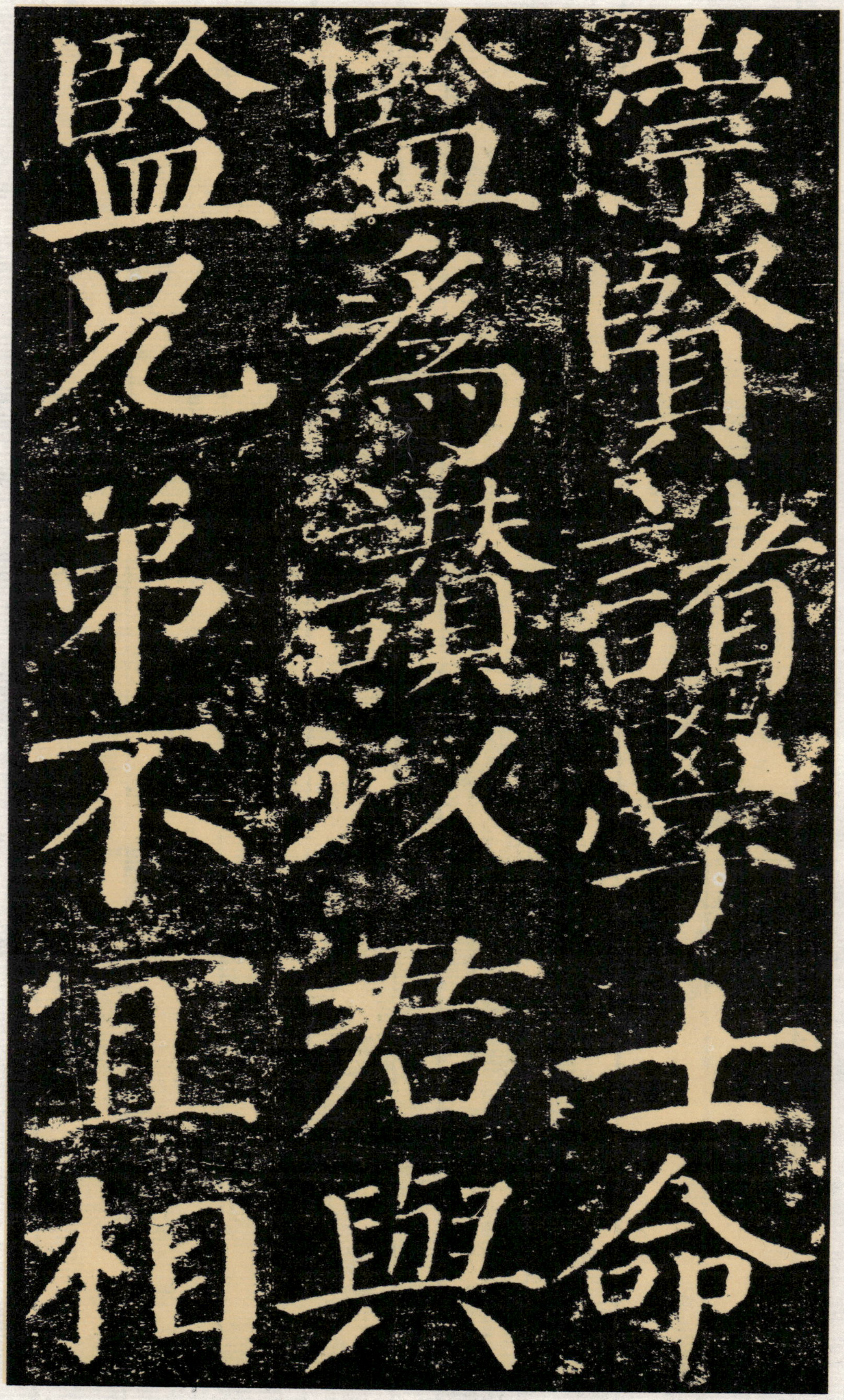

崇賢諸文學士，命監爲讚，以君與監兄弟，不宜相

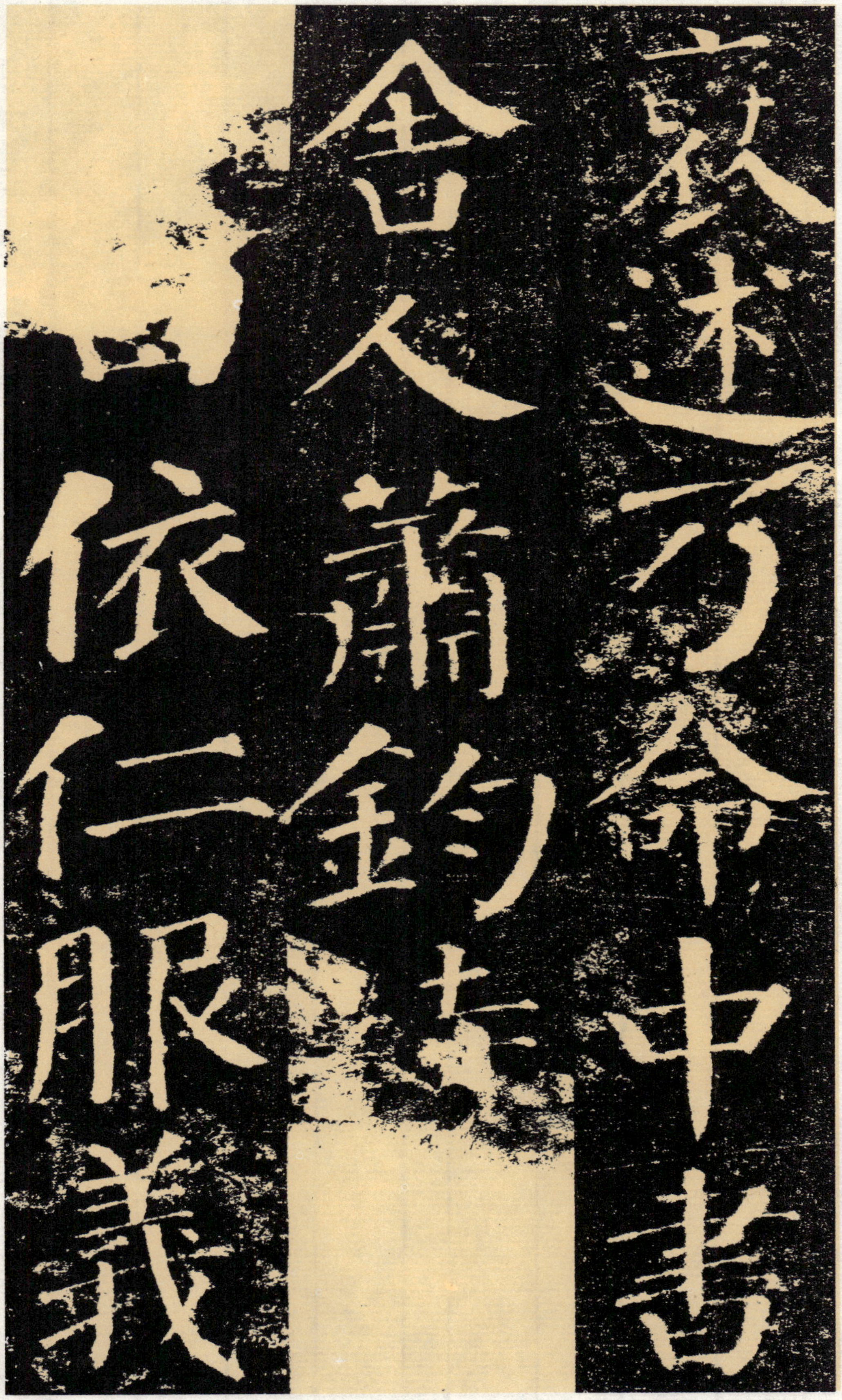

褒述，乃命中書舍人蕭鈞特讚君曰：『依仁服義，

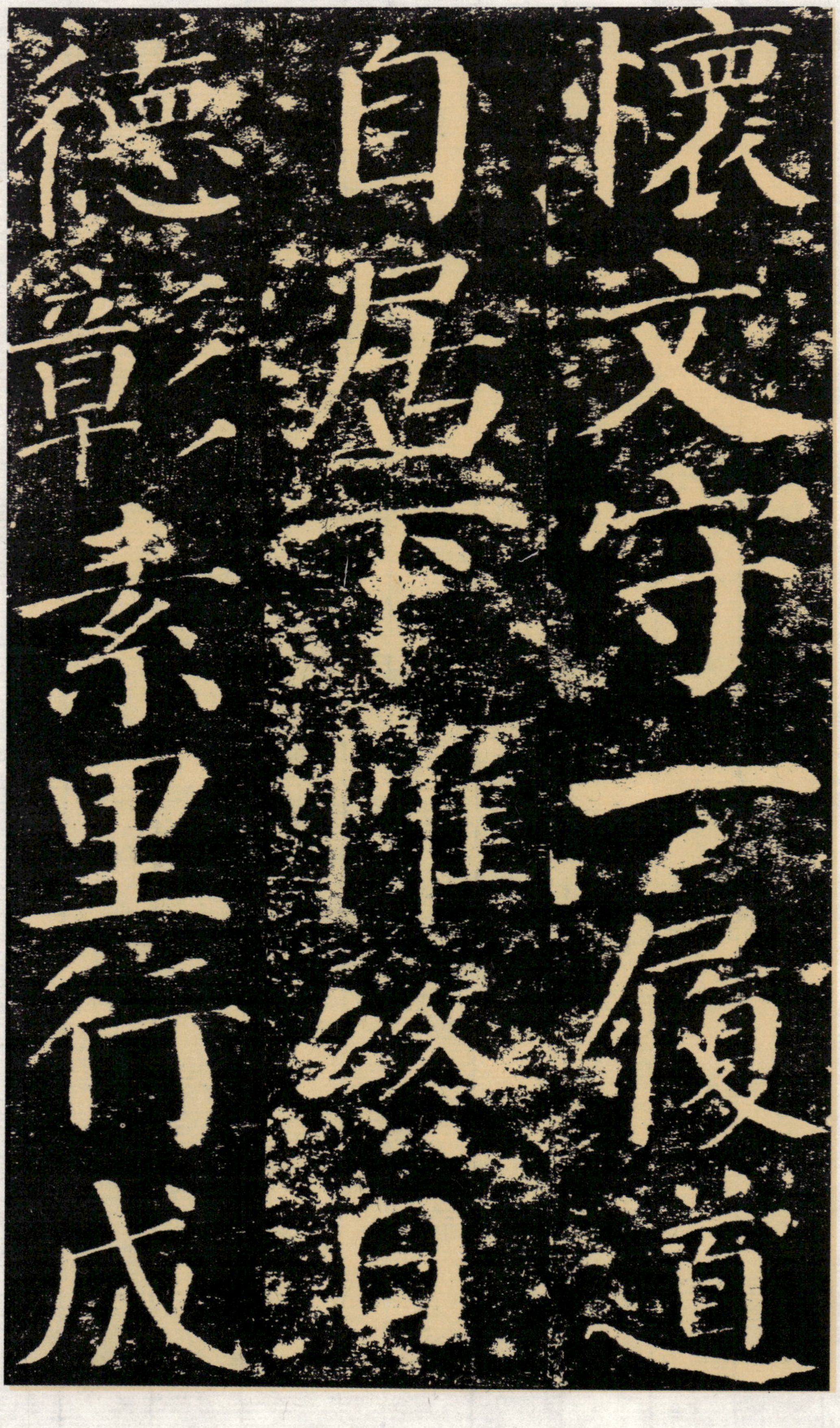

懷文守一，履道自居，下帷終日。德彰素里，行成

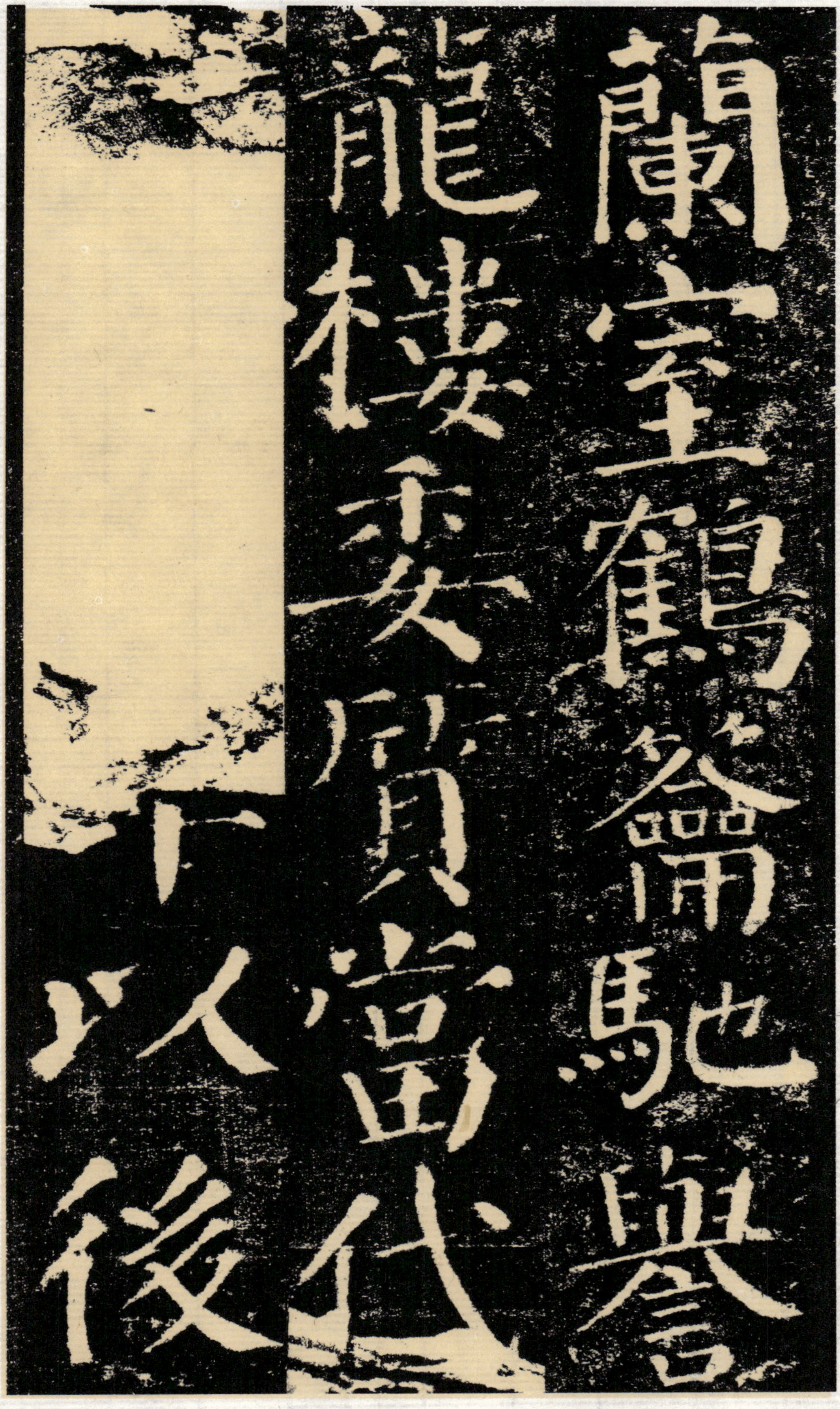

蘭室，鶴籥馳譽，龍樓委質。』當代榮之。六年以後

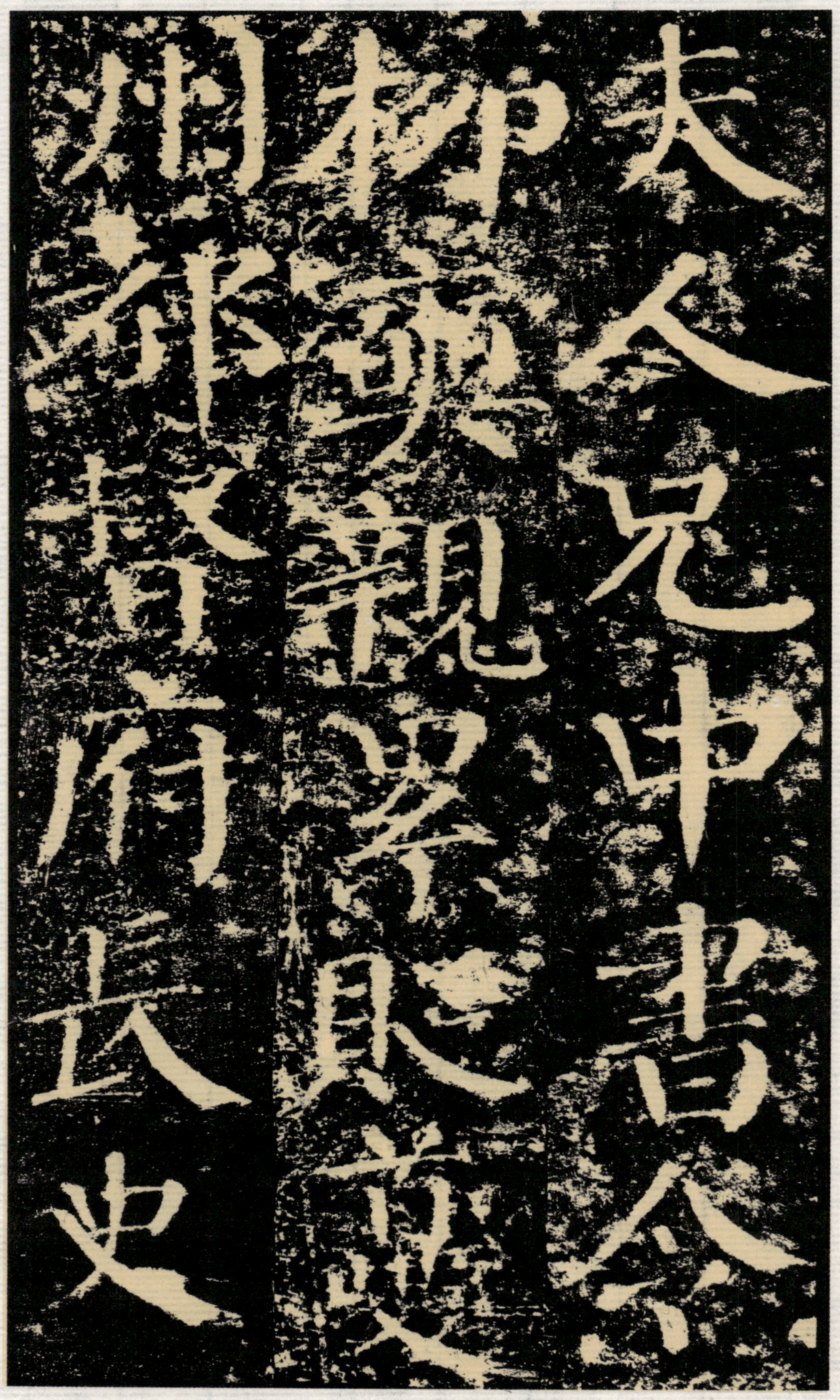

夫人兄中書令柳奭親累貶夔州都督府長史，

（明）〔顯〕慶六年加上護軍。君安時處順，恬無慍色。不

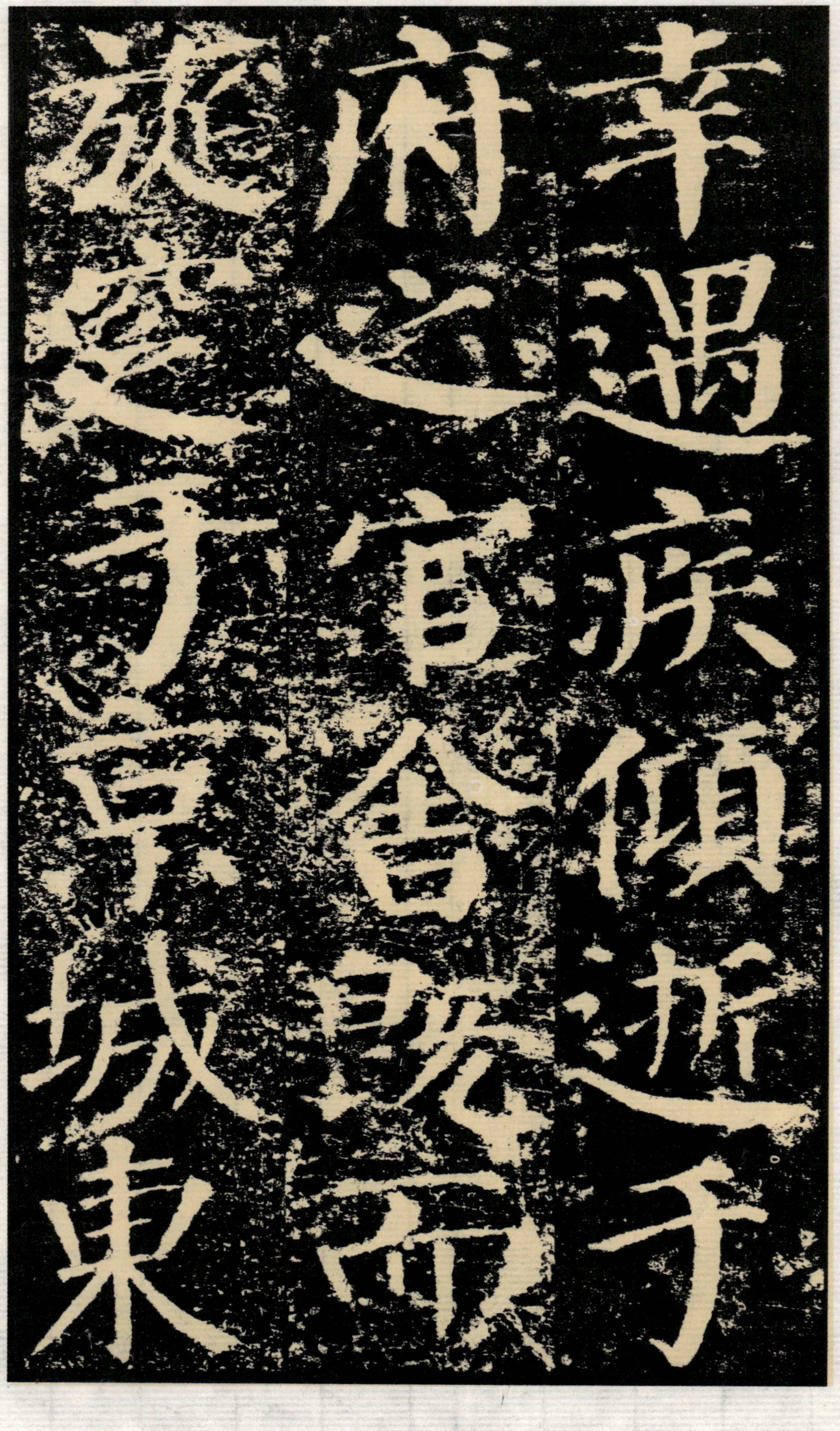

幸遇疾，傾逝于府之官舍，既而旋窆于京城東

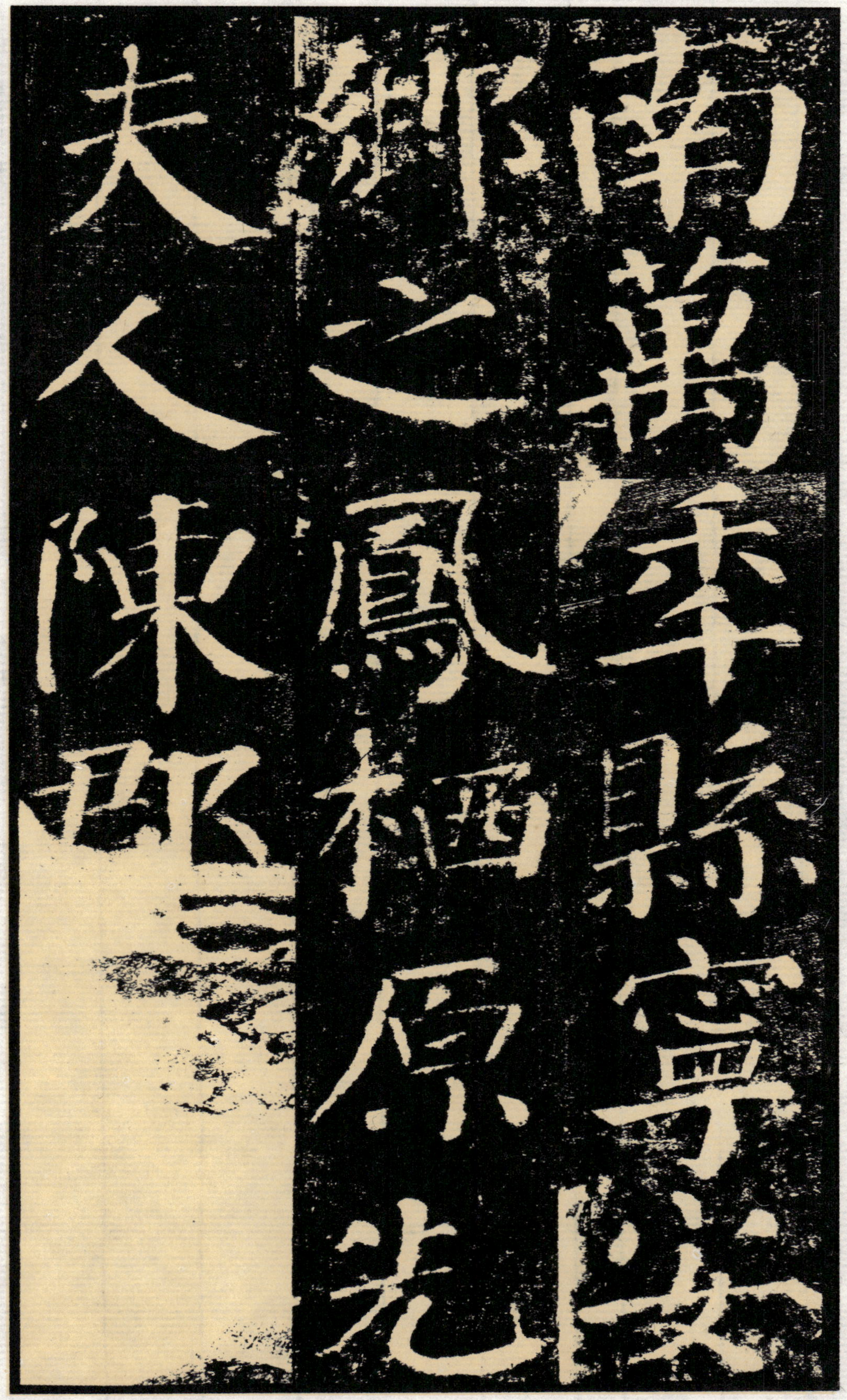

南萬年縣寧安鄉之鳳栖原。先夫人陳郡殷氏

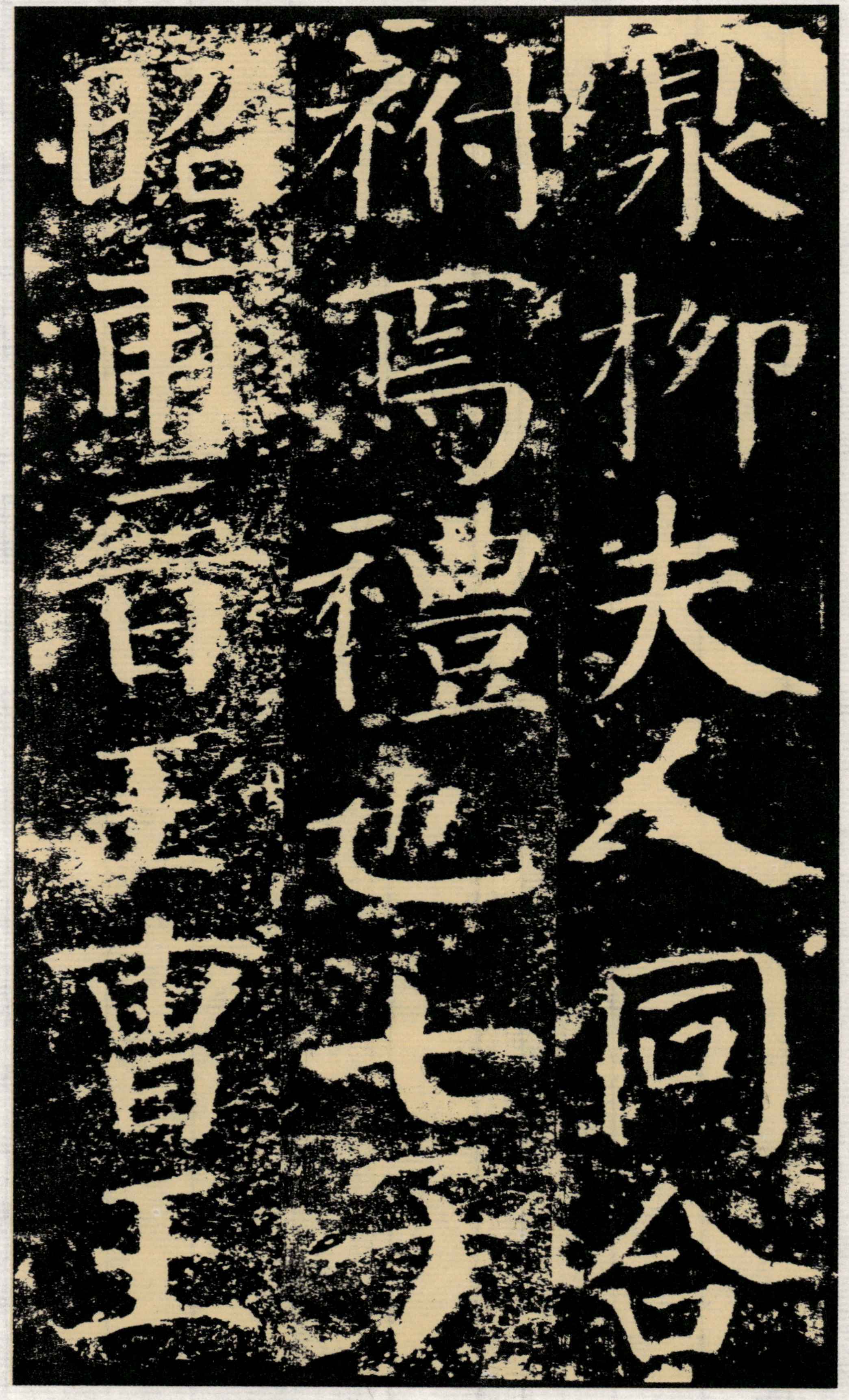

泉柳夫人同合祔焉，禮也。七子：昭甫，晋王曹王

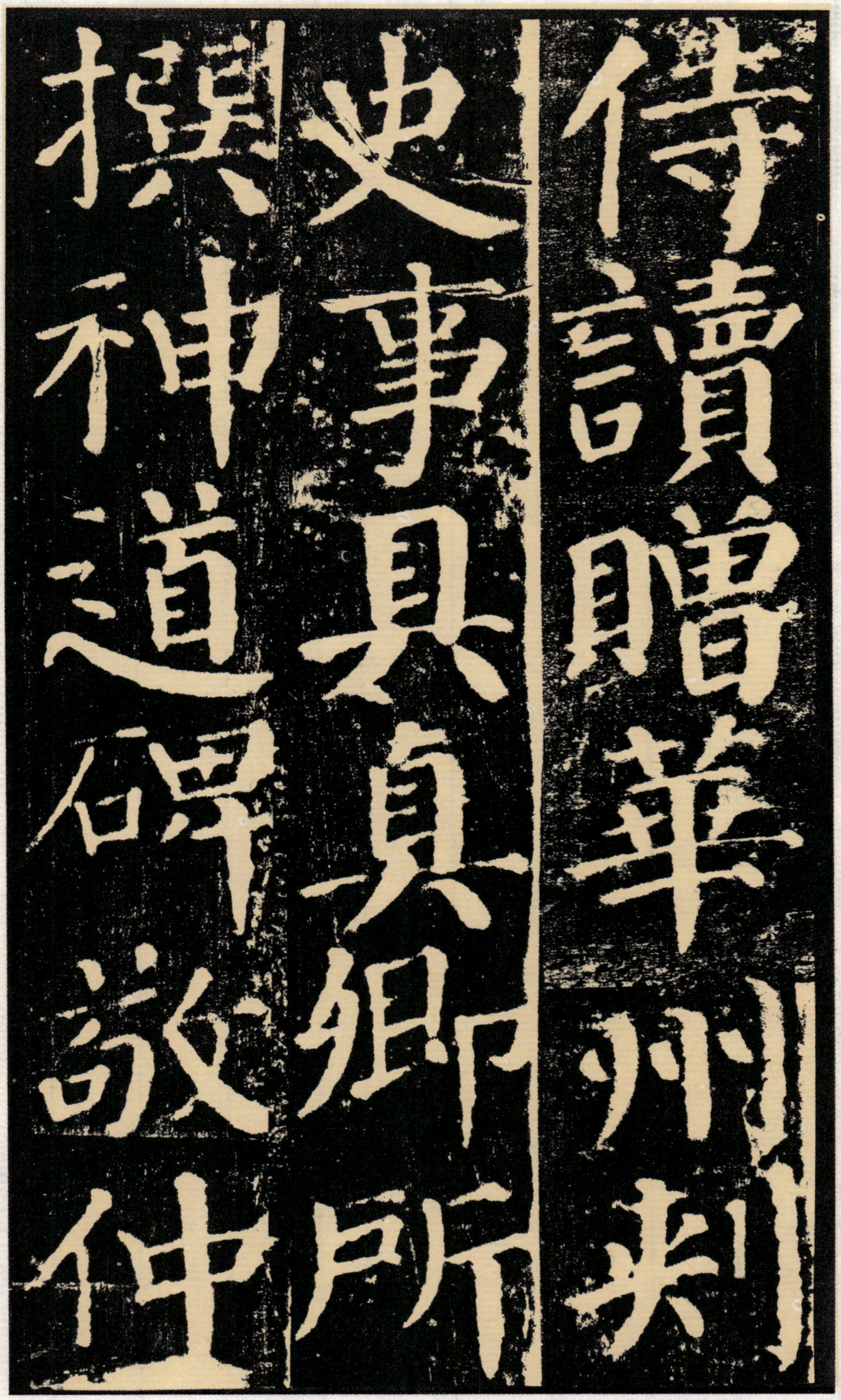

侍讀，贈華州刺史，事具真卿所撰《神道碑》，敬仲，

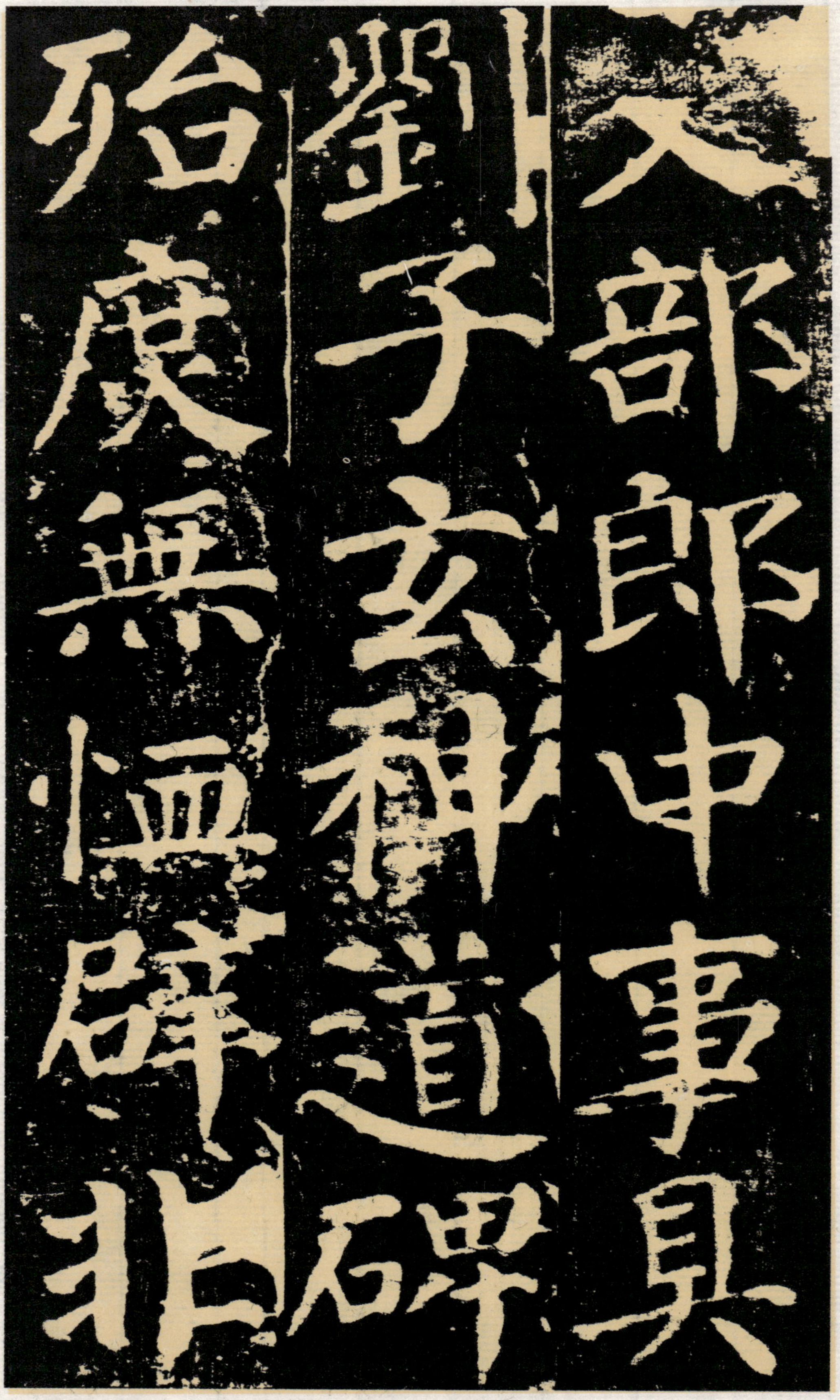

[吏]部郎中，事具劉子玄《神道碑》。殆庶、無恤、辟非、

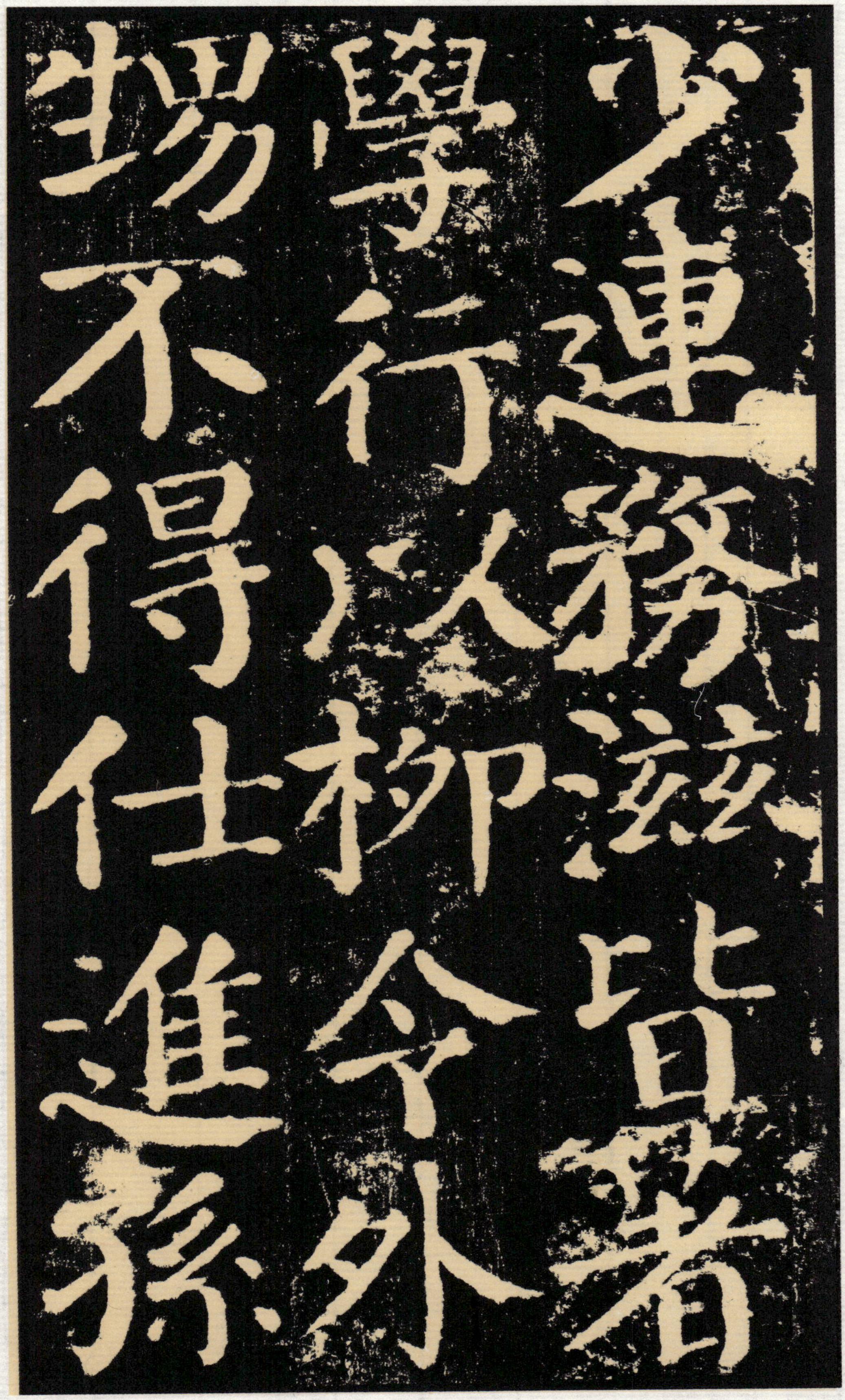

少連、務滋，皆著學行，以柳令外甥不得仕進，孫

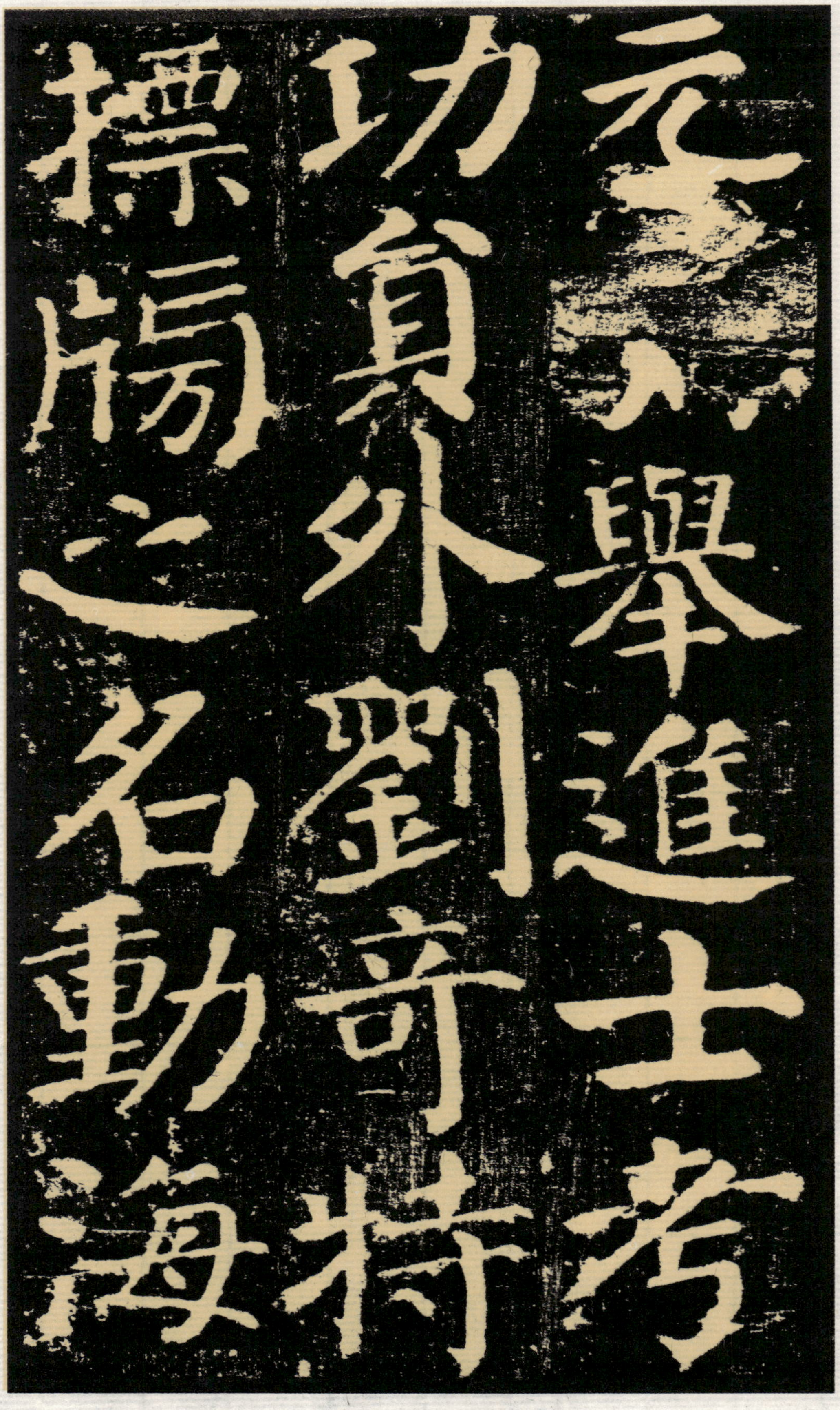

元孫，舉進士，考功員外劉奇特標牓之，名動海

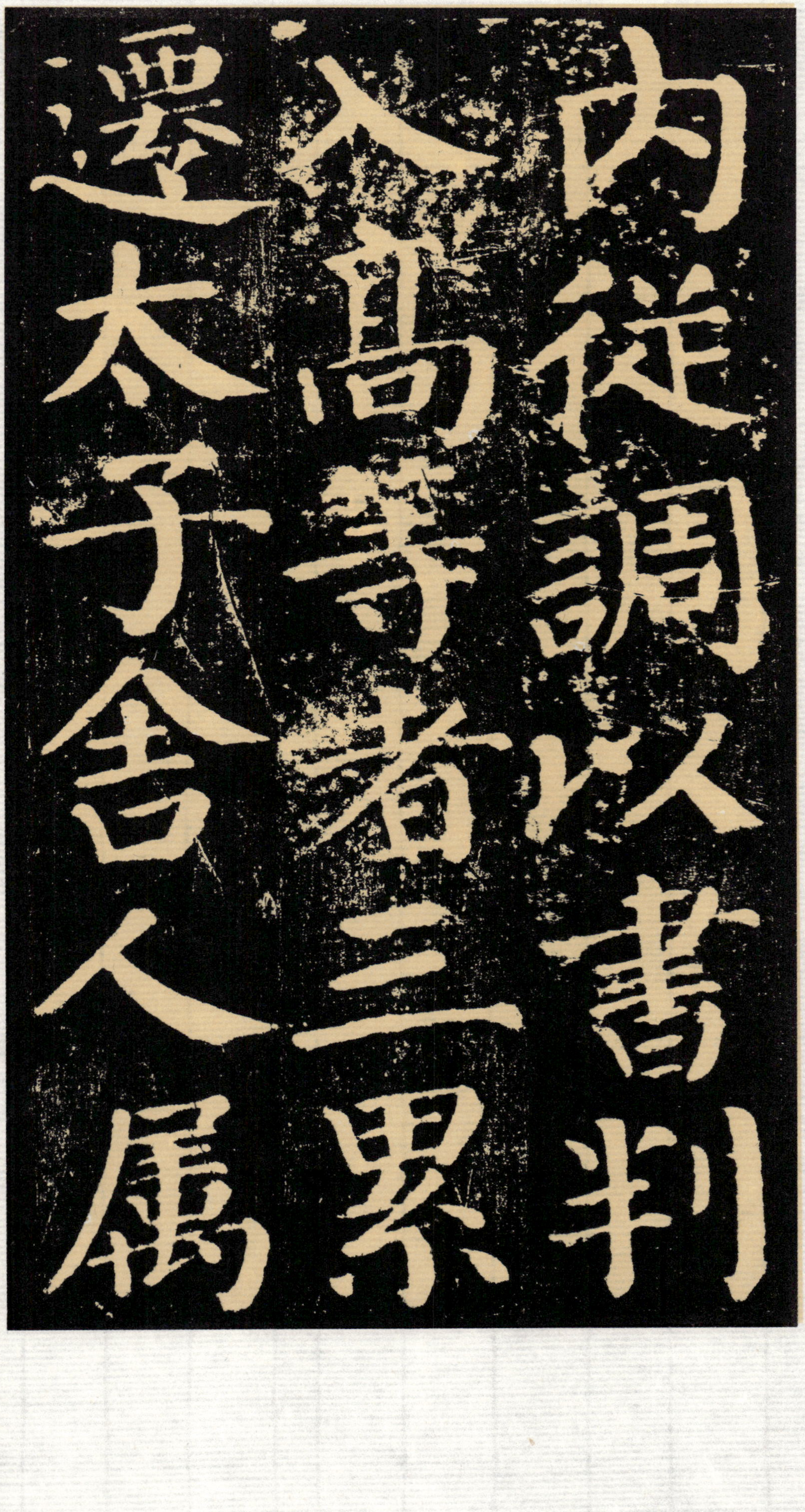

內，從調以書判入高等者三，累遷太子舍人。屬

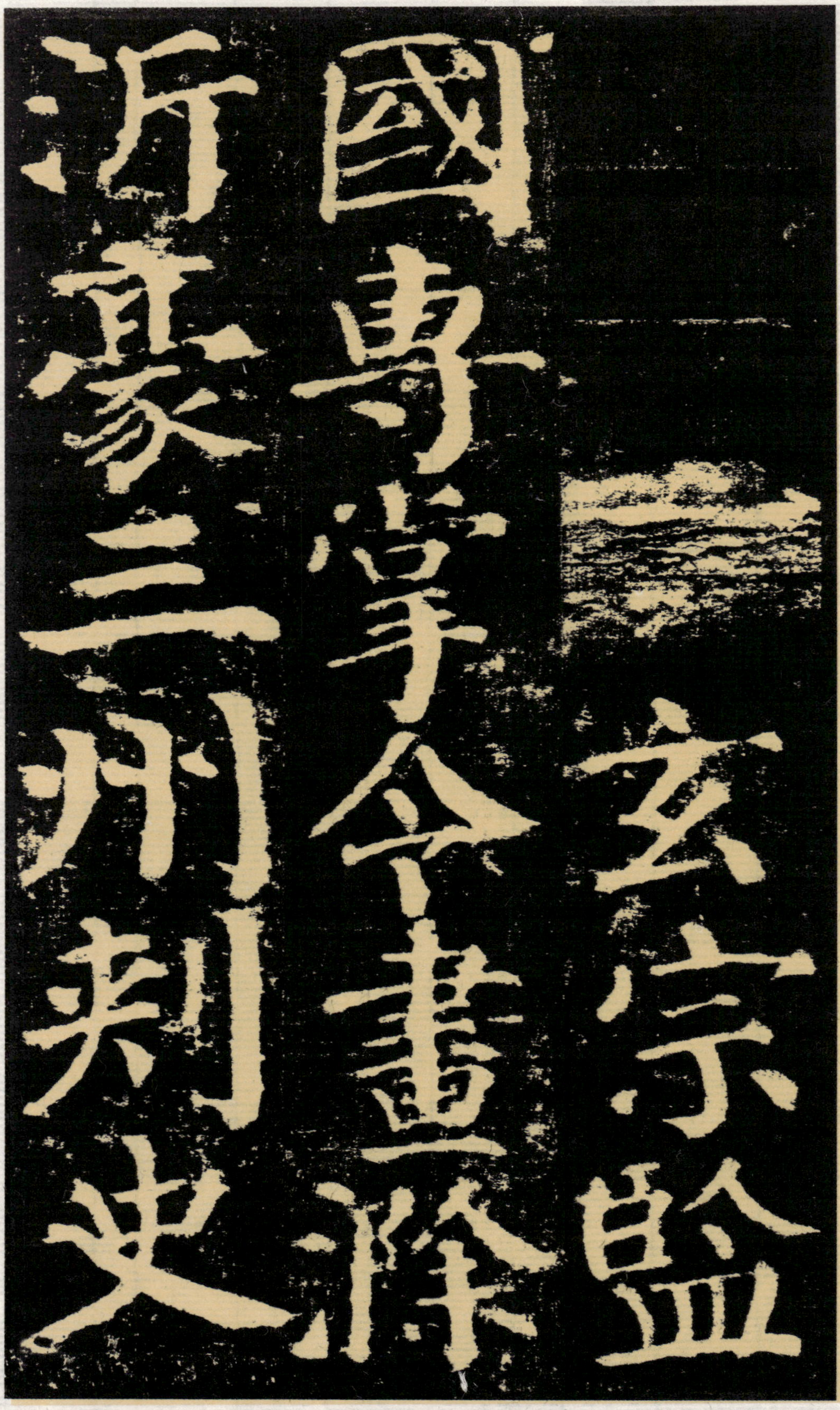

玄宗監國，專掌令畫。滁、沂、豪三州刺史，

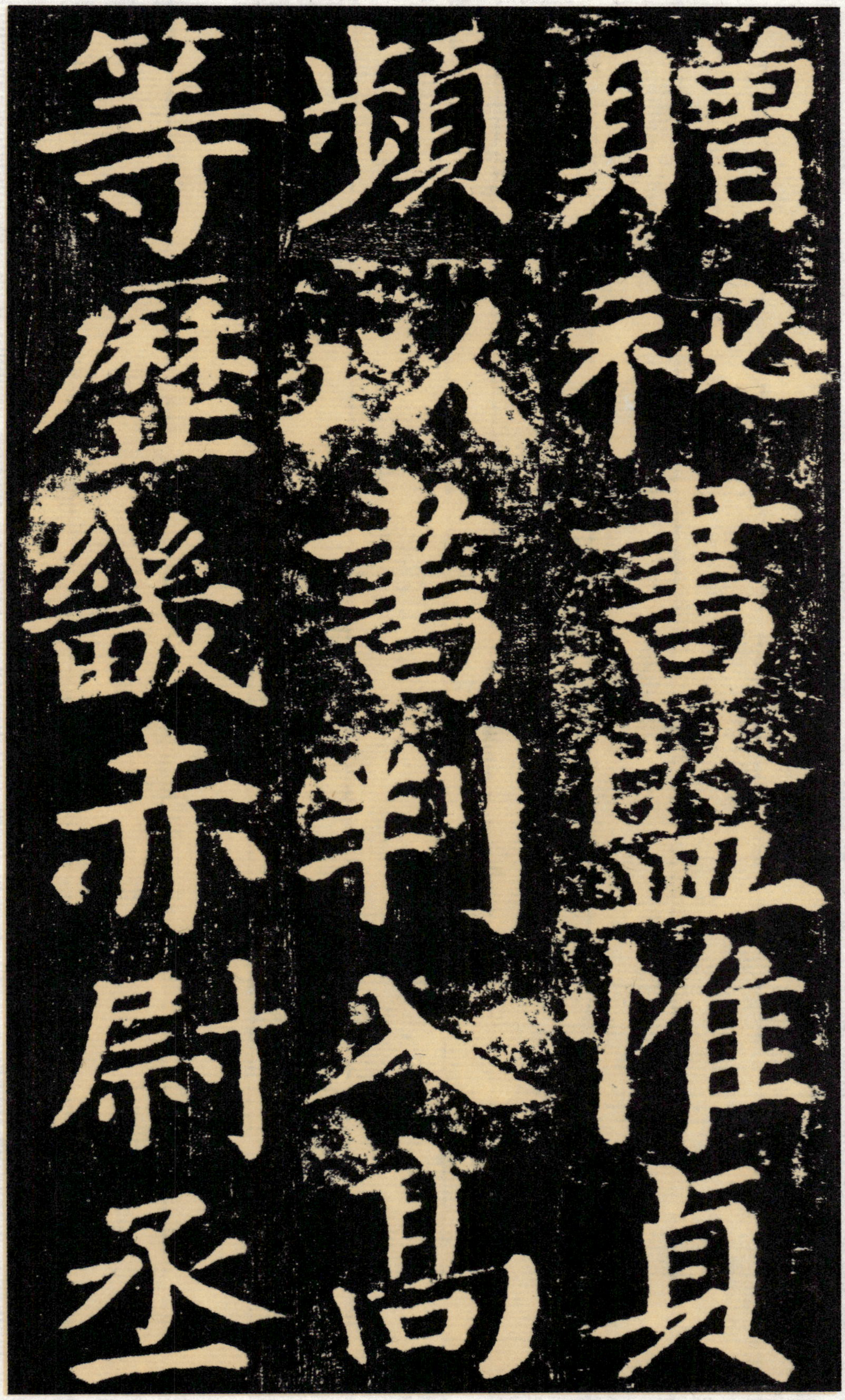

贈秘書監。惟貞，頻以書判入高等，歷畿赤尉丞、

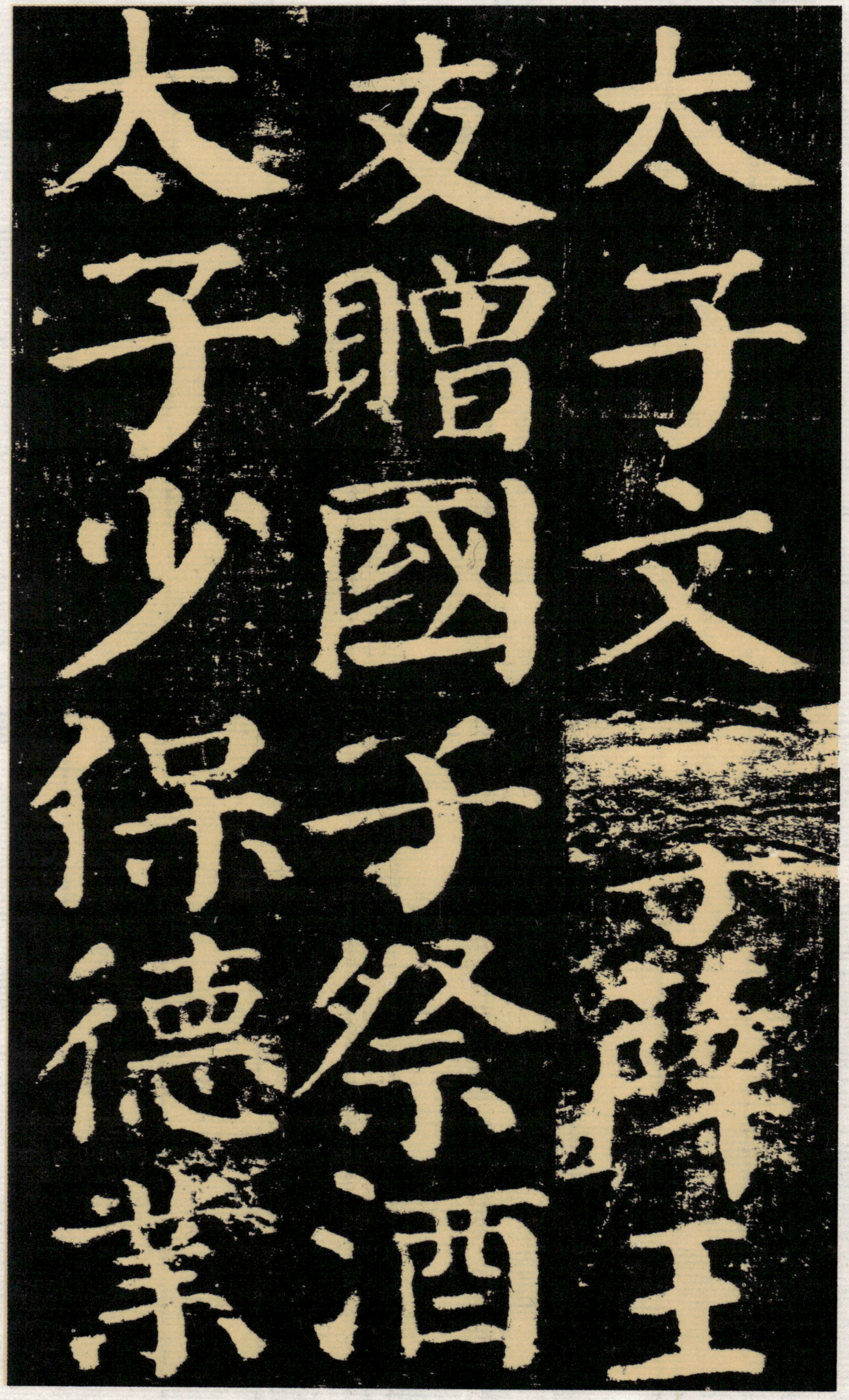

太子文學、薛王友、贈國子祭酒、太子少保，德業

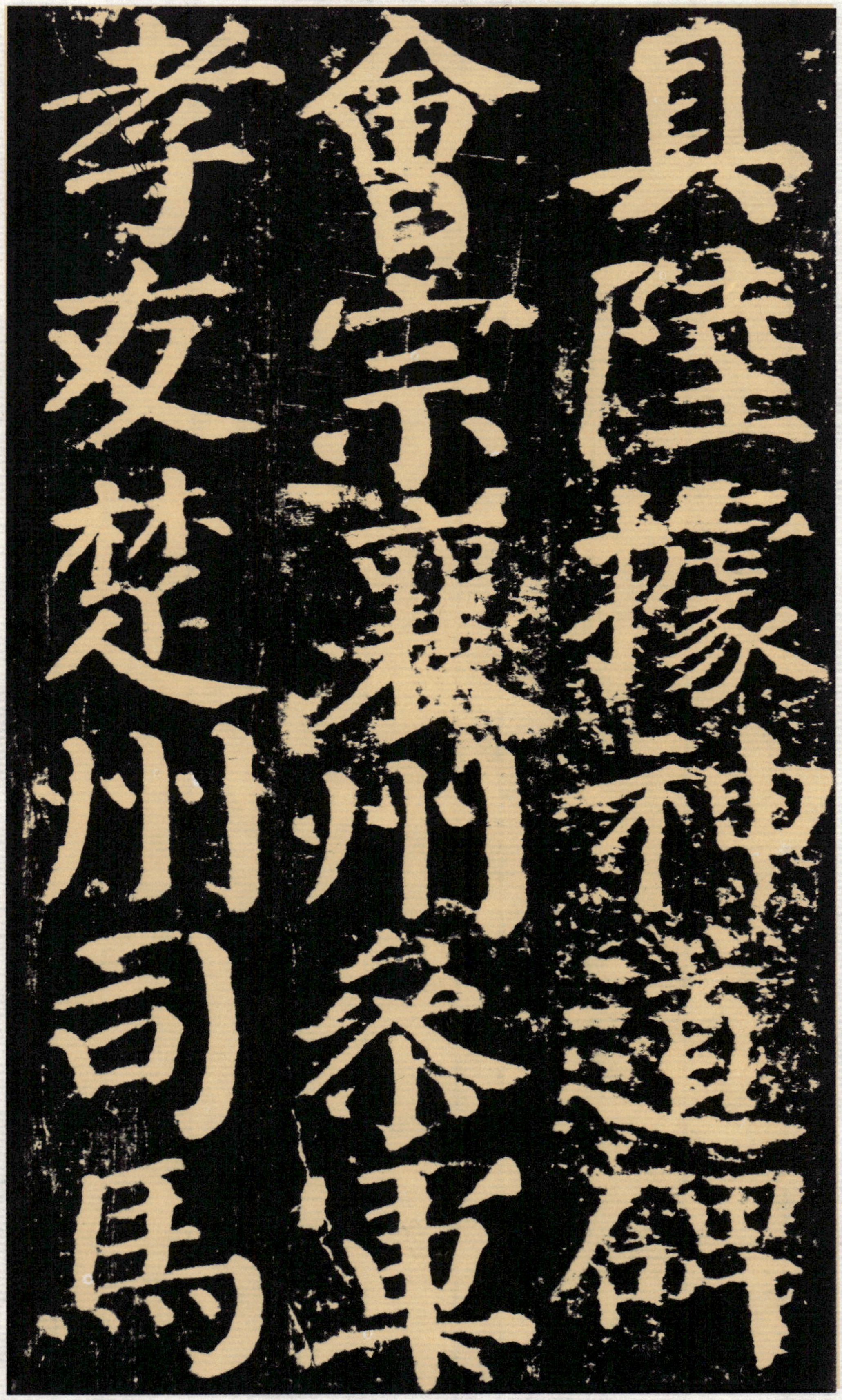

具陸據《神道碑》。會宗，襄州參軍。孝友，楚州司馬。

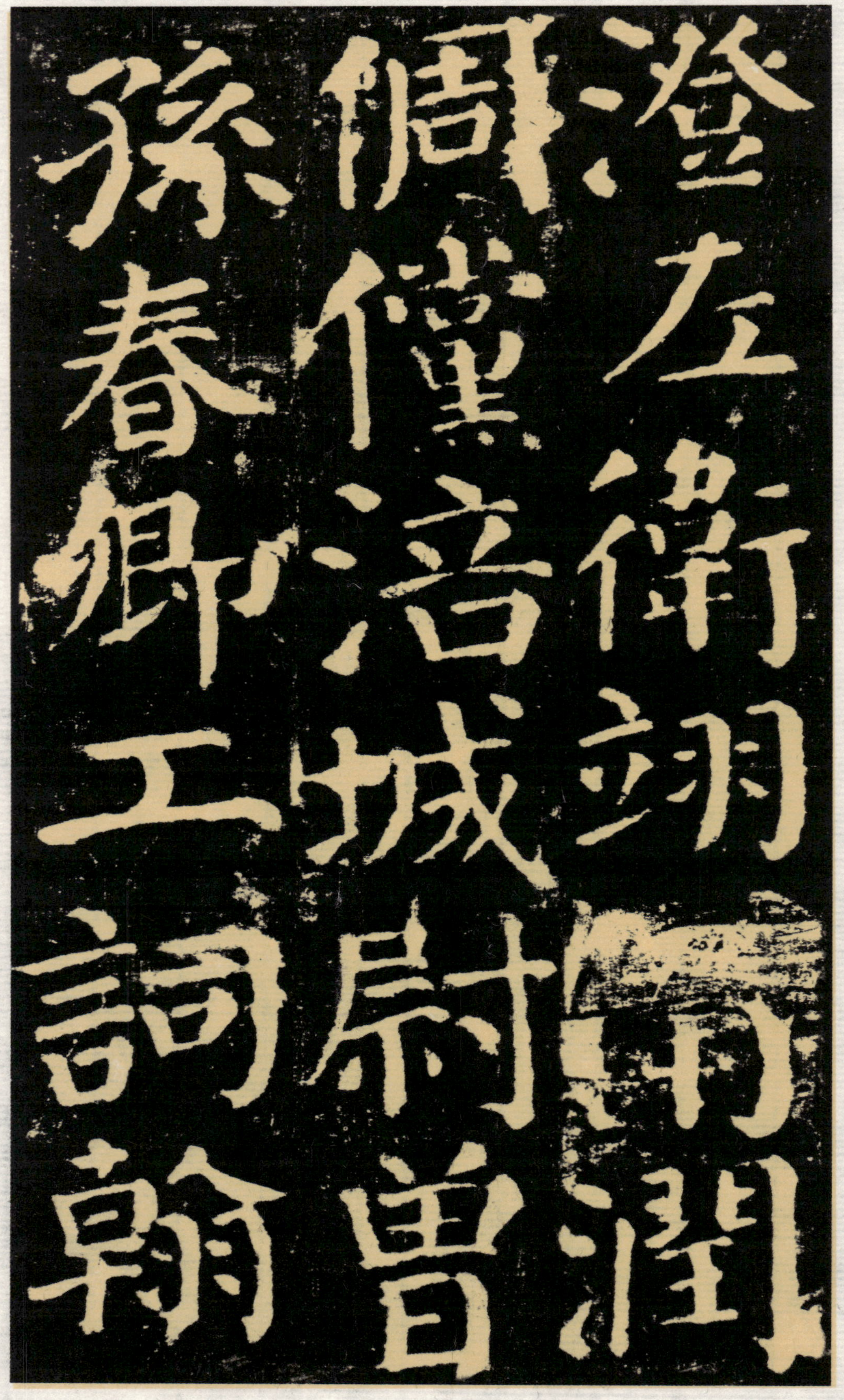

澄，左衛翊[衛]。潤，倜儻，涪城尉。曾孫春卿，工詞翰，

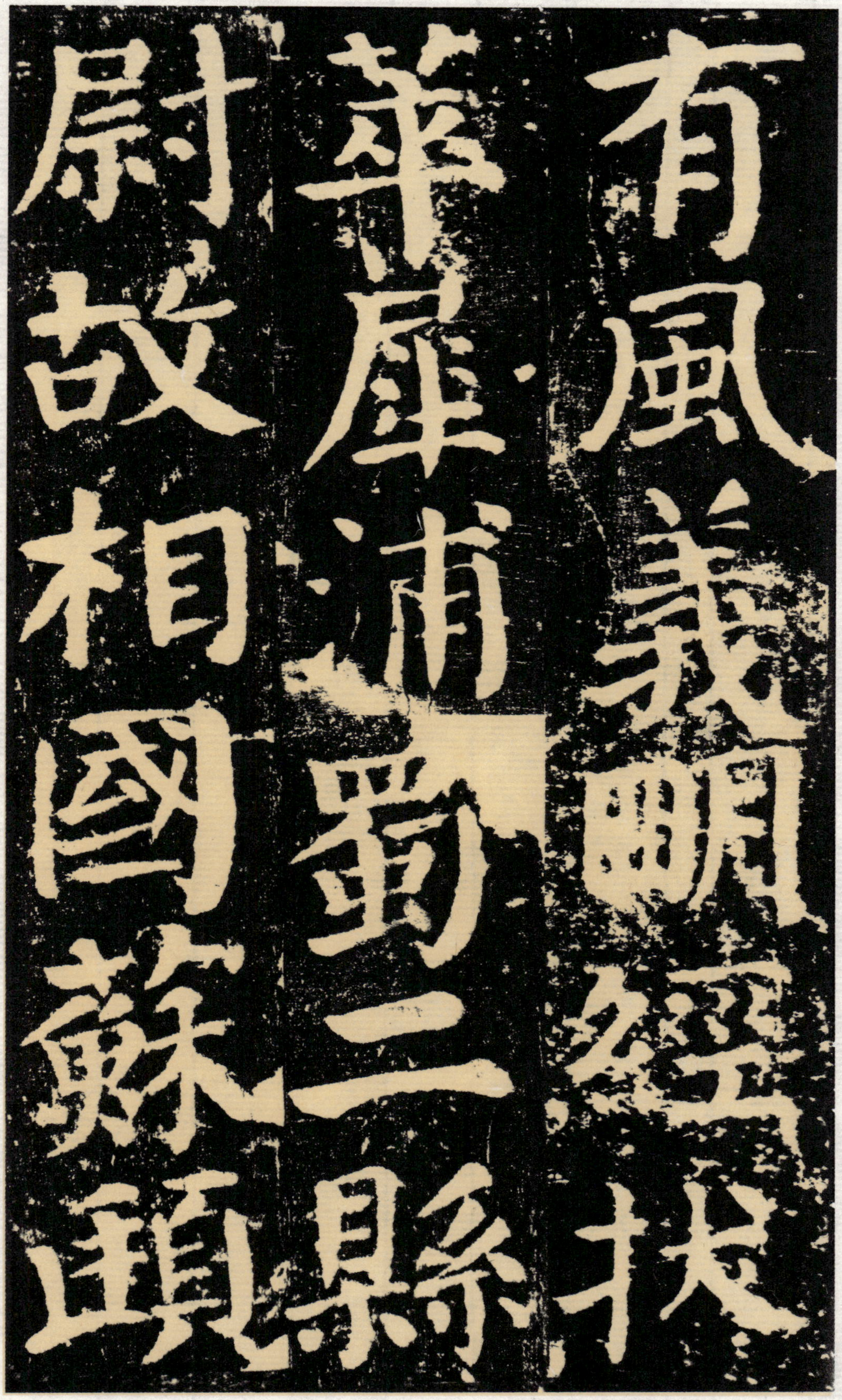

有風義，明經拔萃，犀浦蜀二縣尉。故相國蘇頲

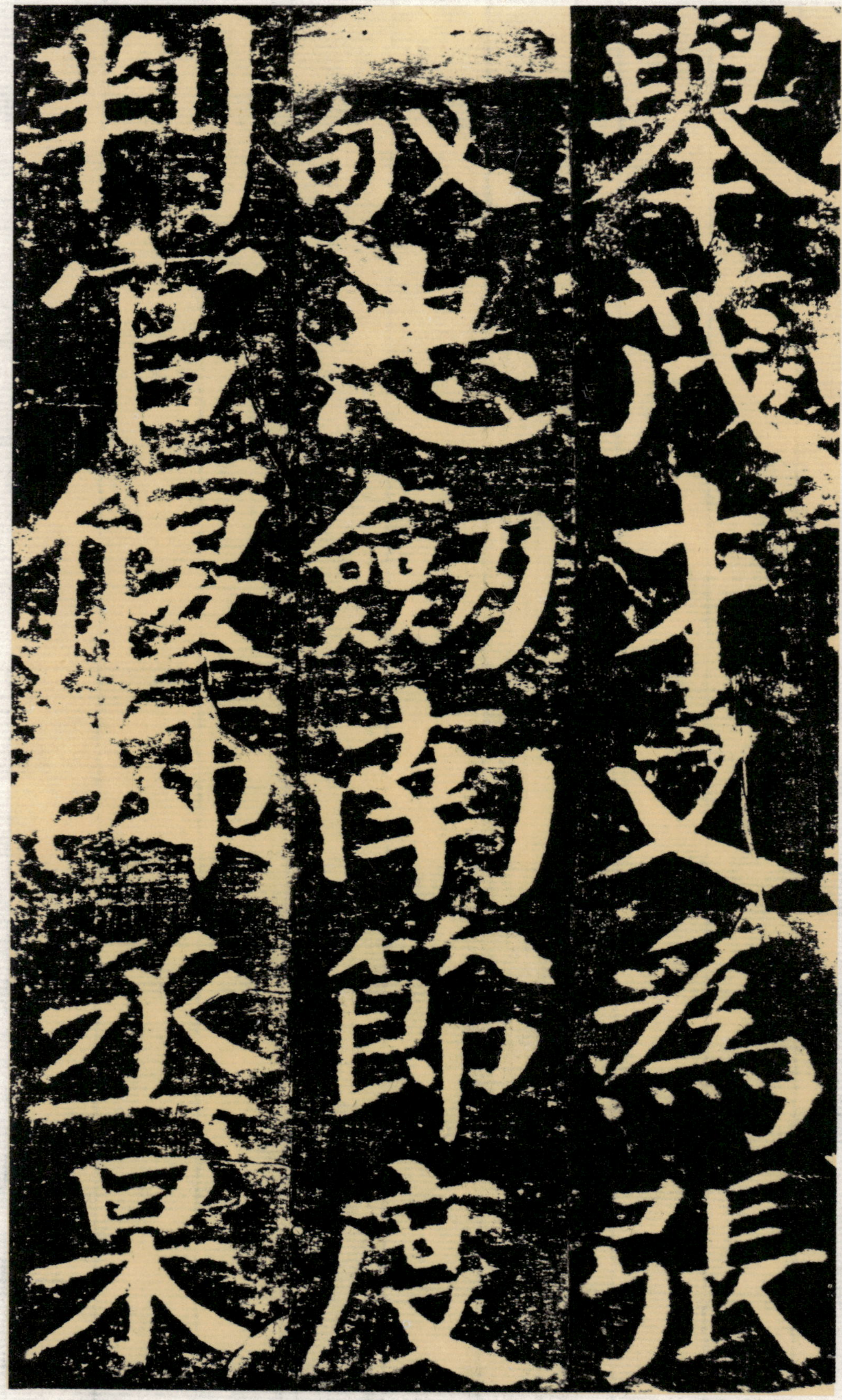

舉茂才，又爲張敬忠劍南節度判官。偃師丞、杲

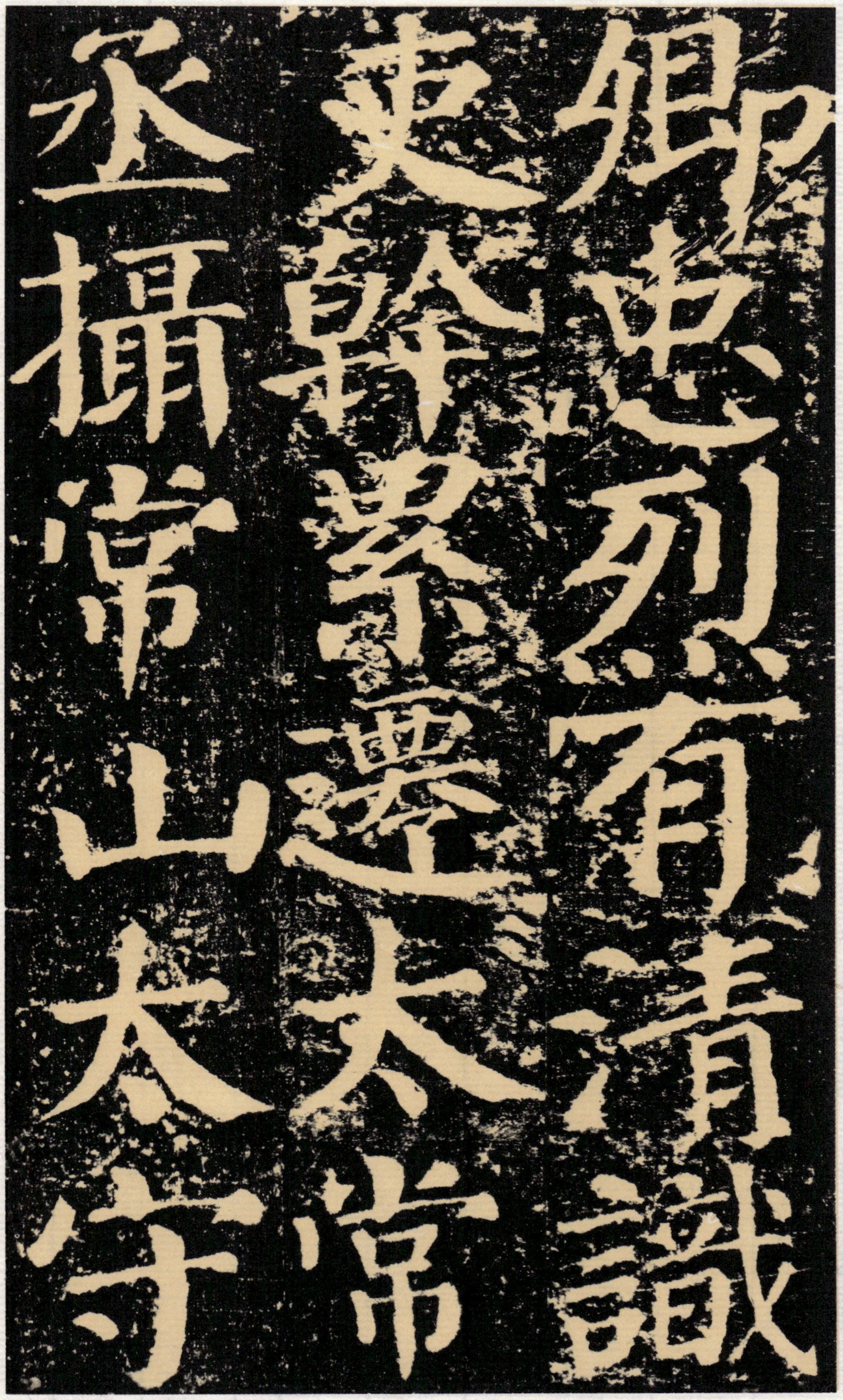

卿，忠烈有清識吏幹，累遷太常丞，攝常山太守，

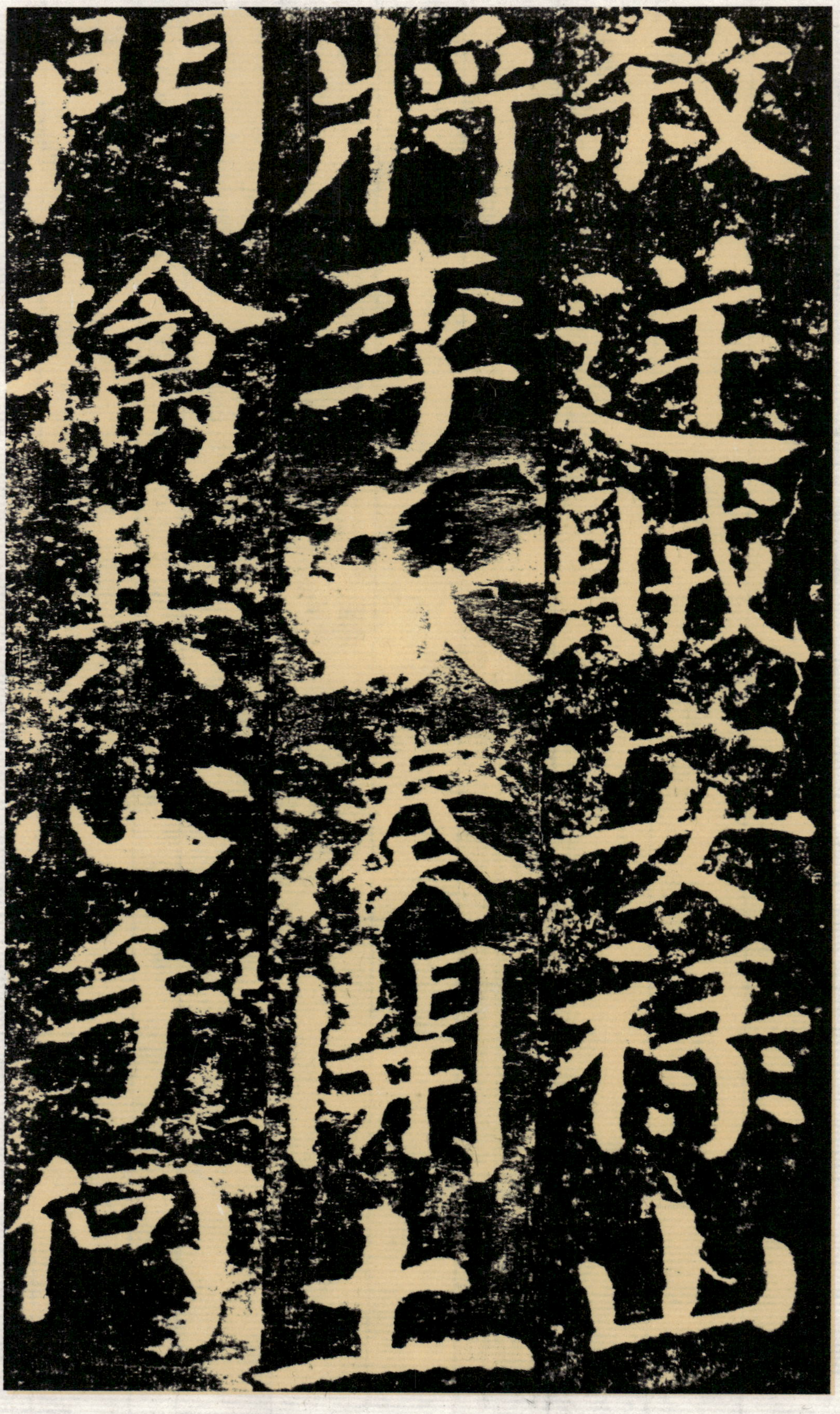

殺逆賊安禄山將李欽凑，開土門，擒其心手何

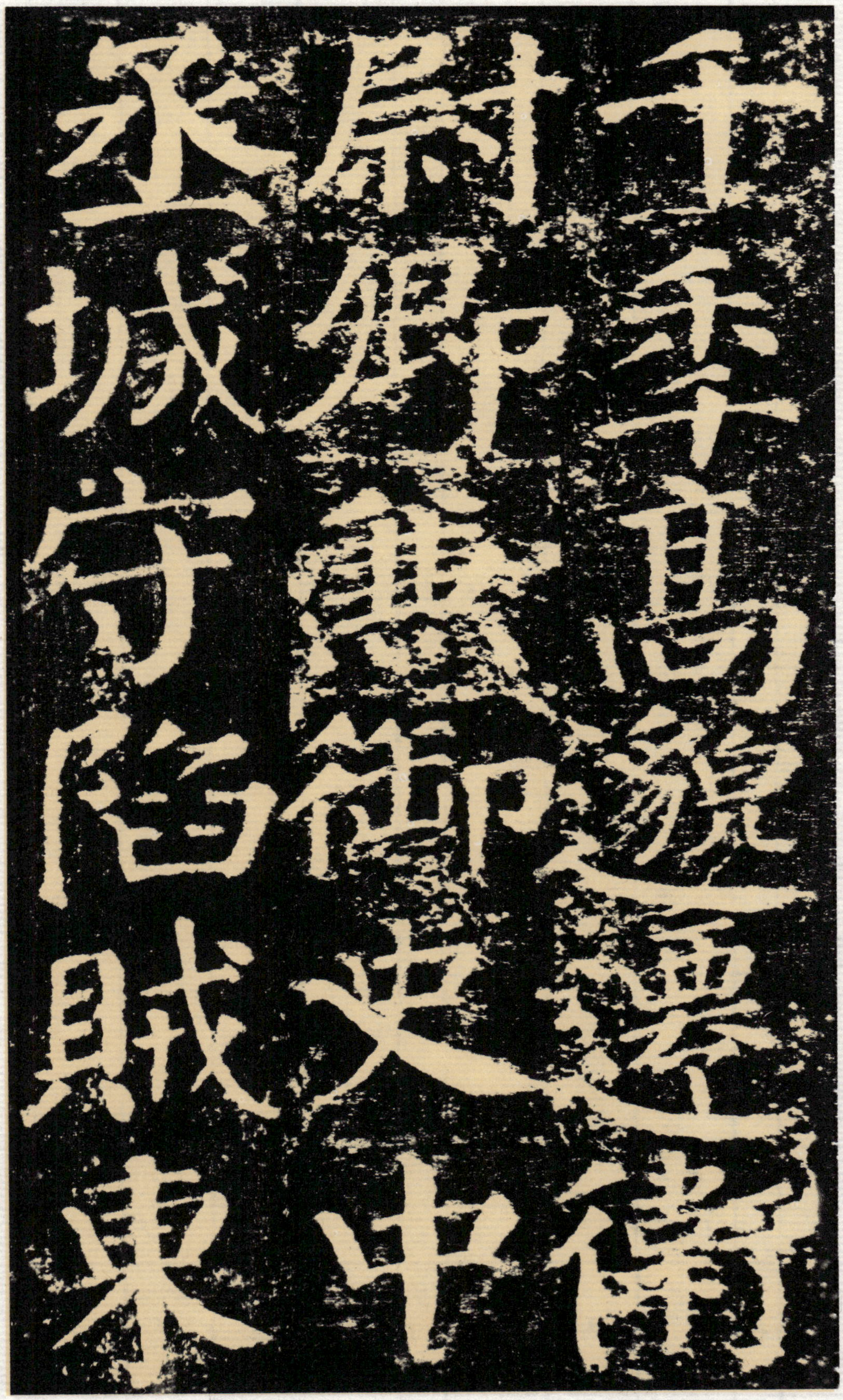

千年、高邈，遷衛尉卿兼御史中丞。城守陷賊，東

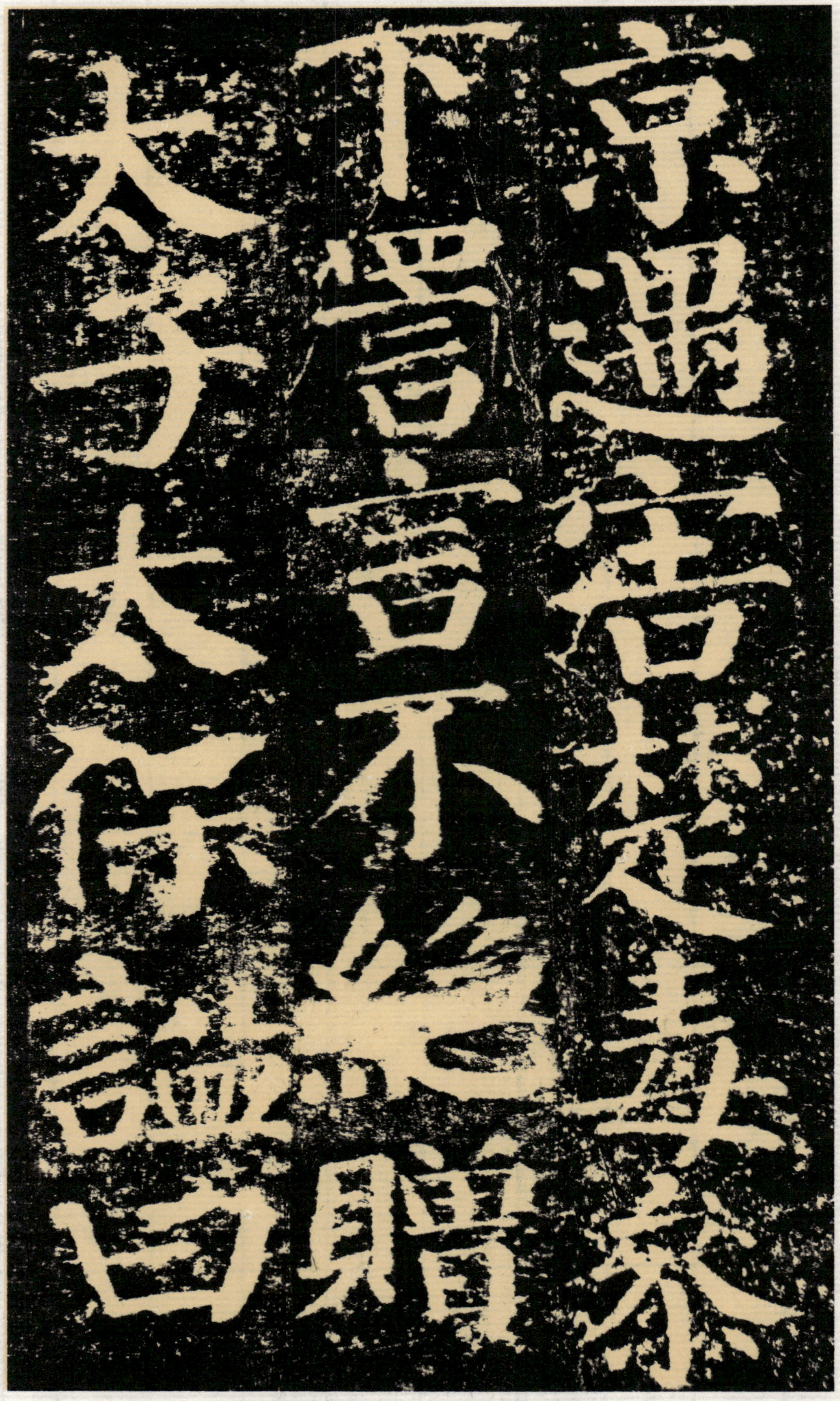

京遇害，楚毒参下，詈言不絕。贈太子太保，謚曰

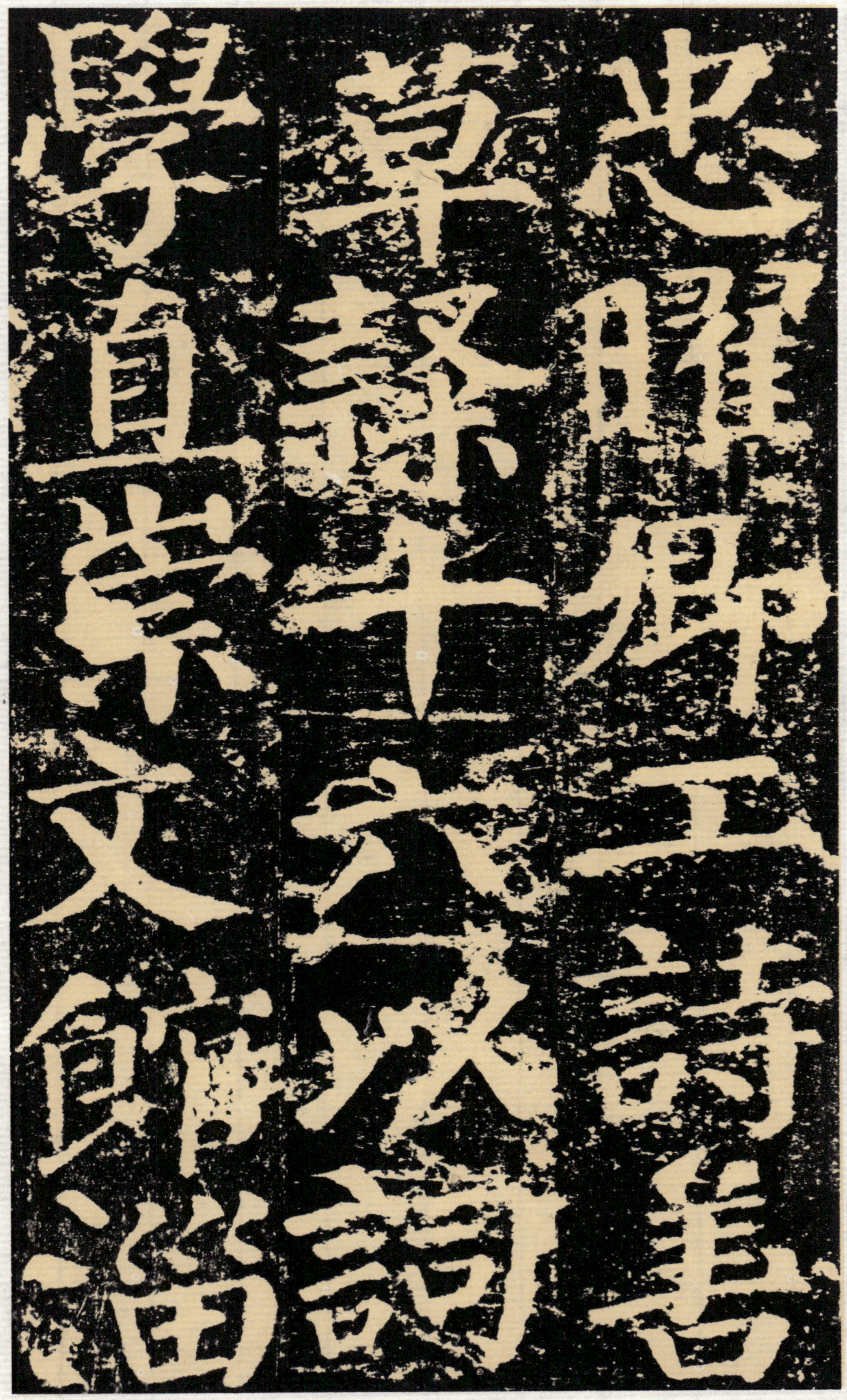

『忠』。曜卿，工詩善草隸，十六以詞學直崇文館，淄

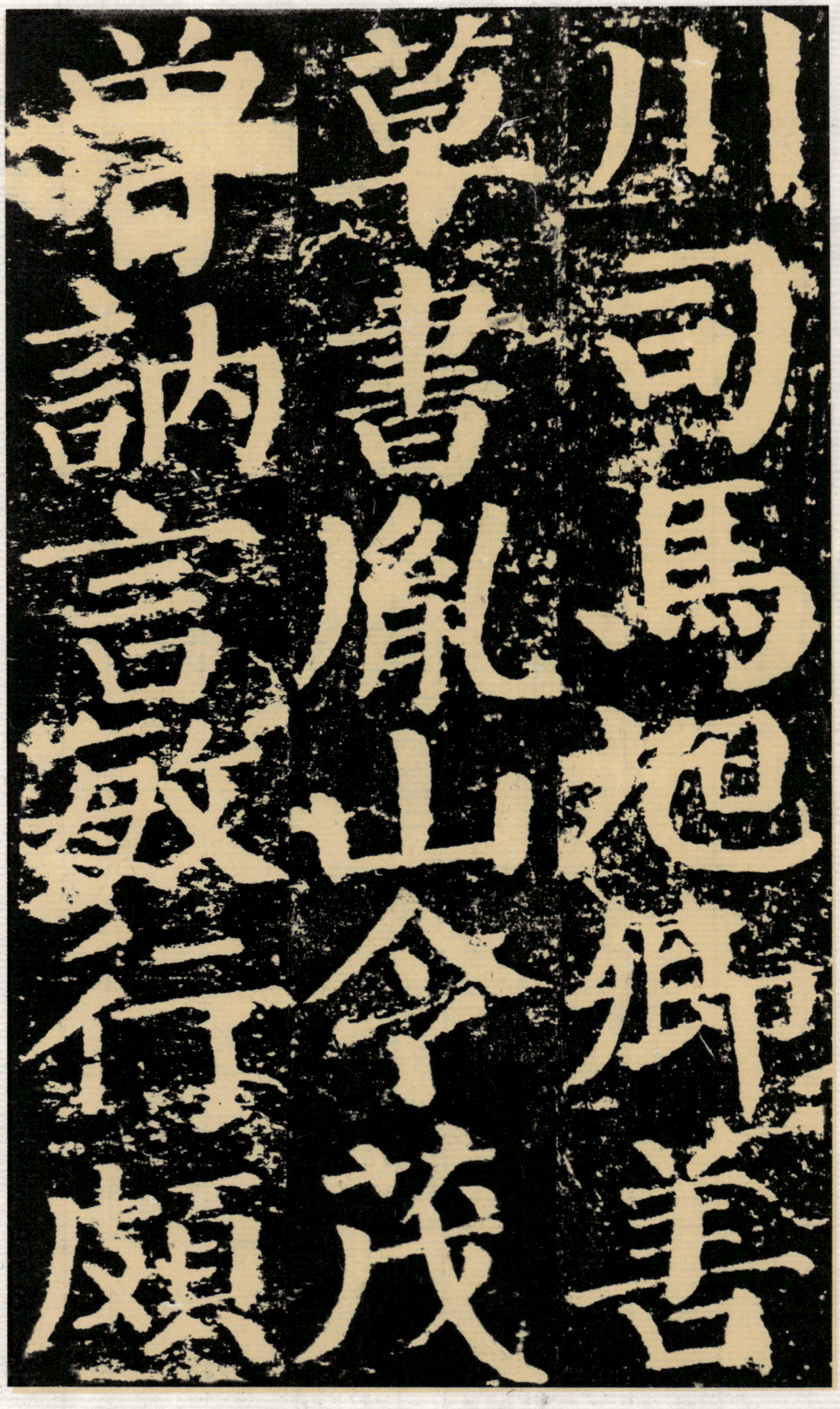

川司馬。旭卿，善草書，胤山令。茂曾，訥言敏行，頗

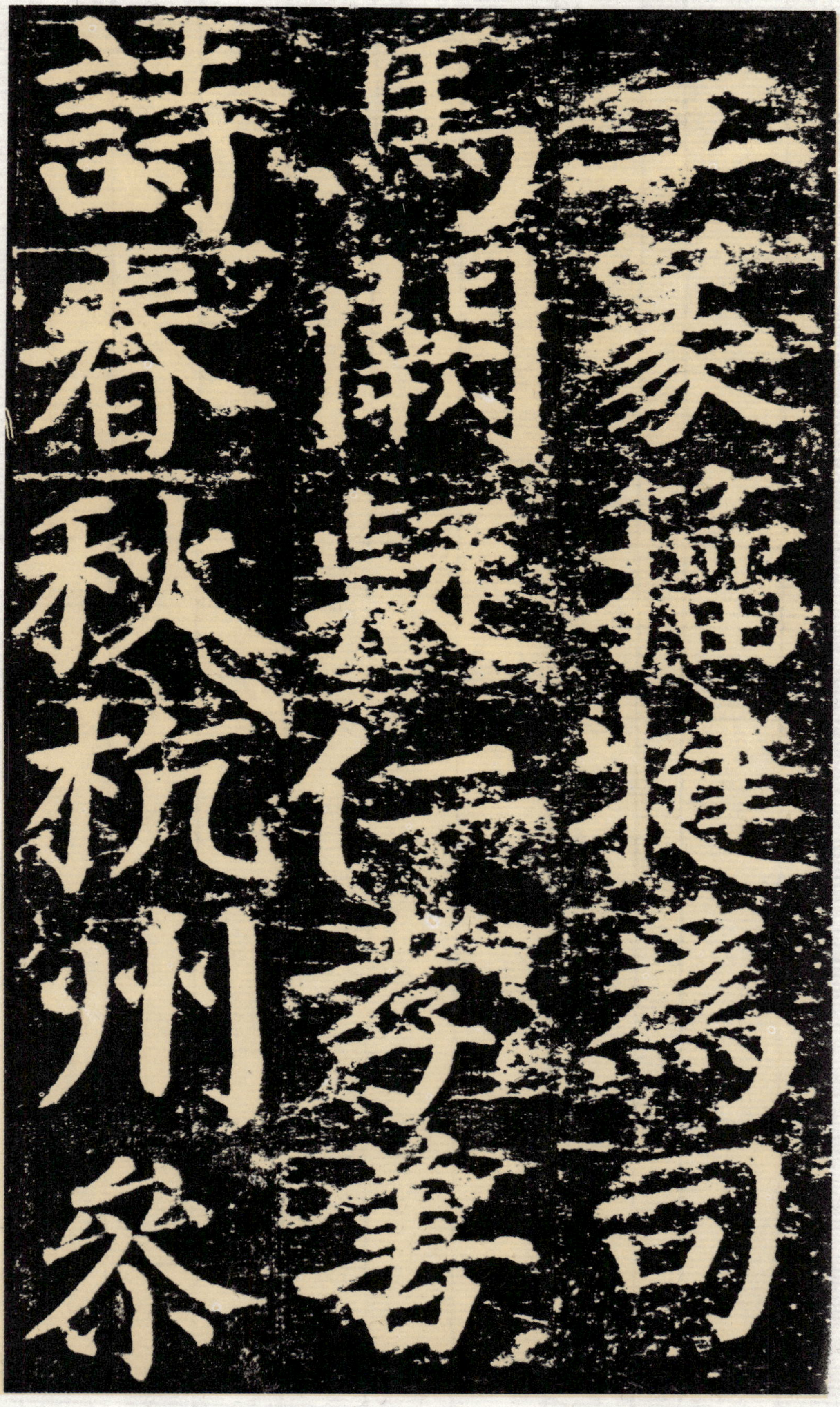

工篆籀，犍爲司馬。闕疑，仁孝，善《詩》、《春秋》，杭州參

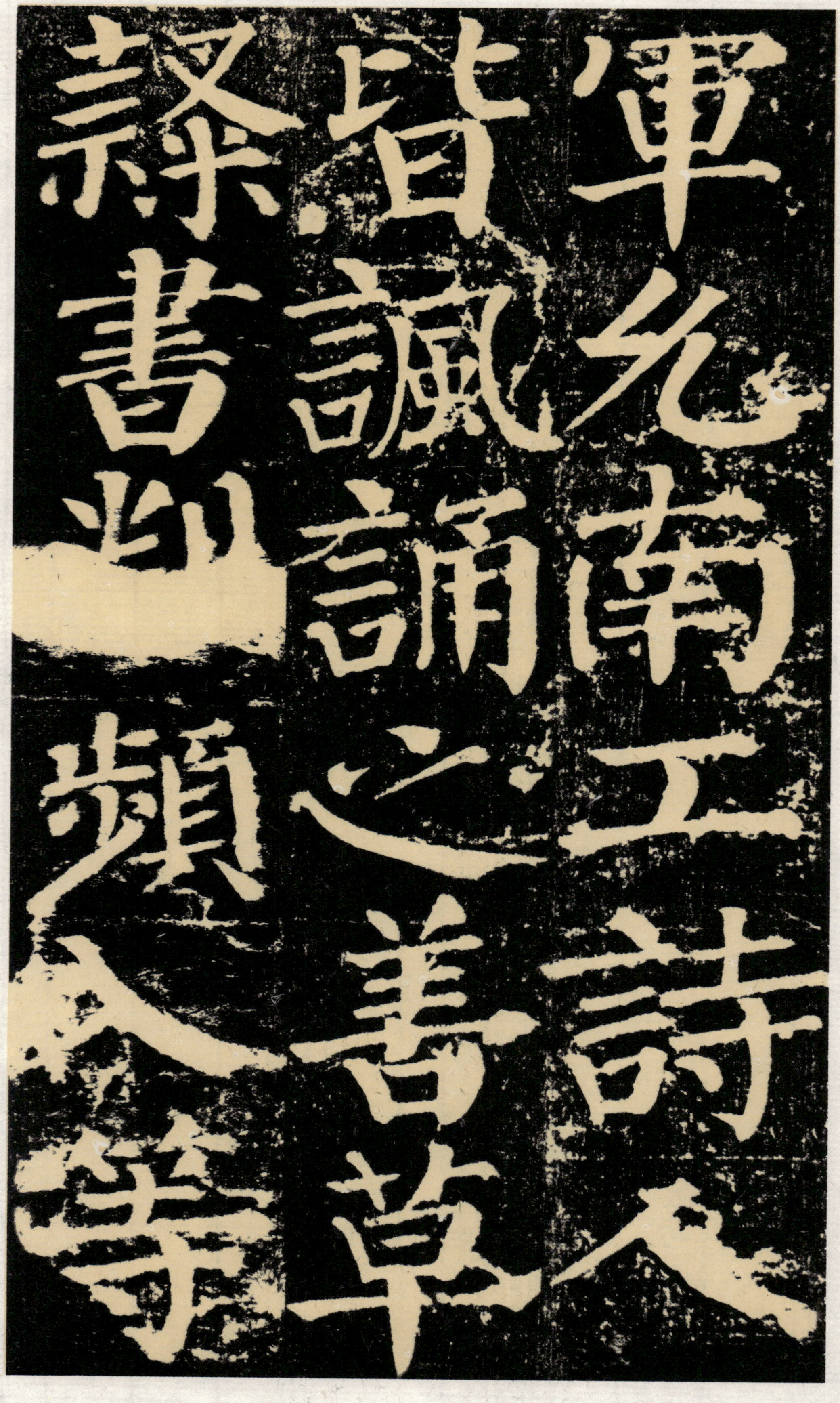

軍。允南，工詩，人皆諷誦之。善草隸書判，頻入等

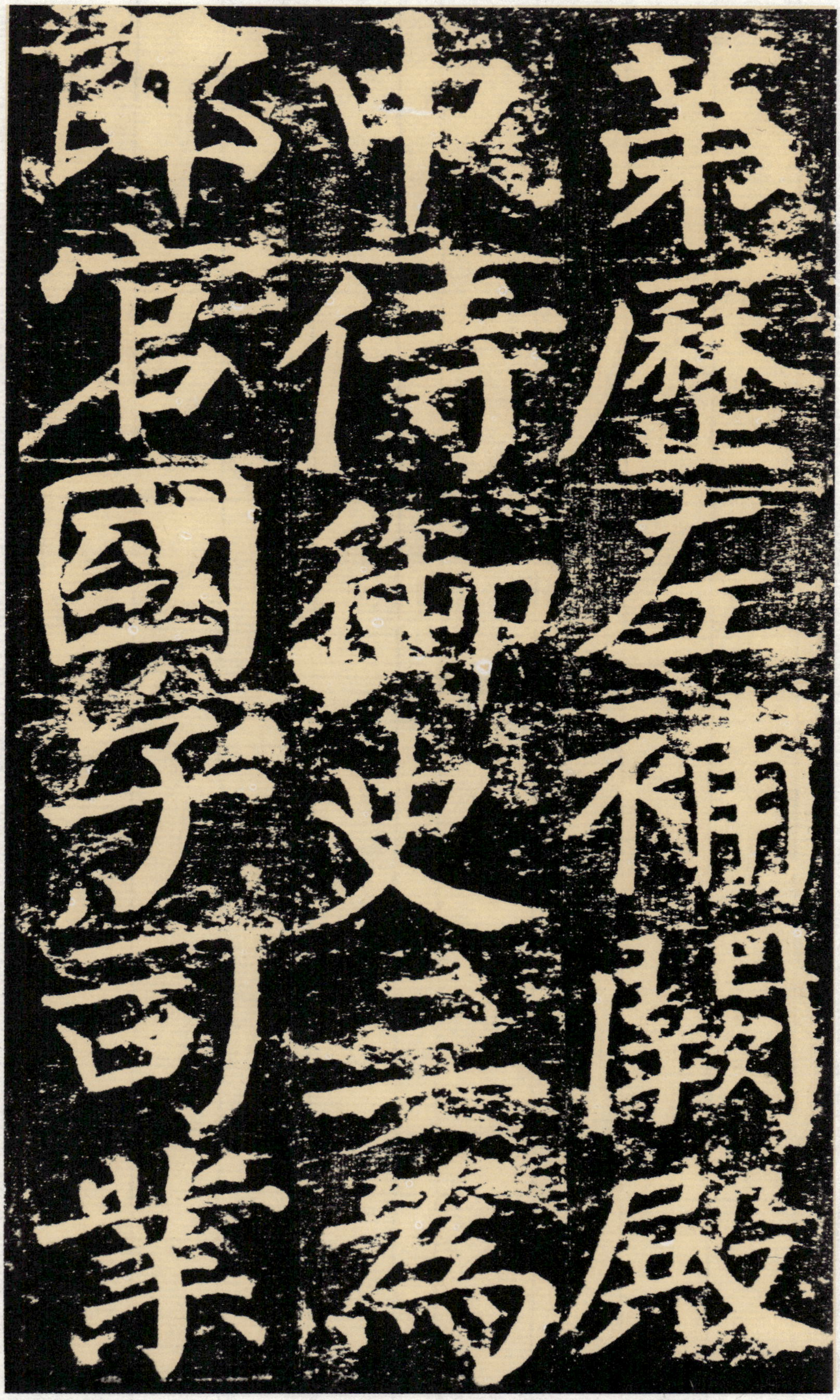

第，歷左補闕、殿中侍御史，三爲郎官、國子司業，

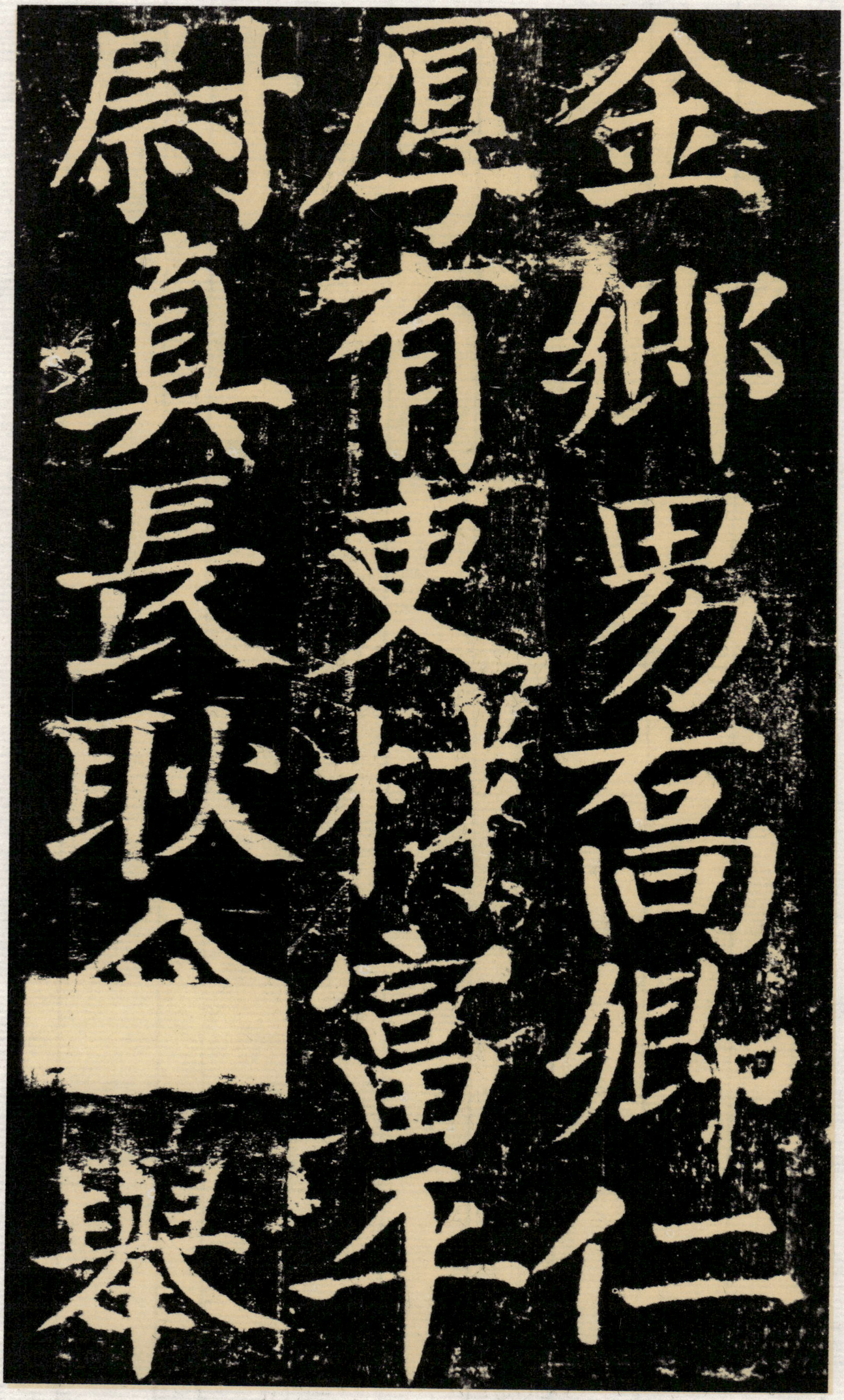

金鄉男。喬卿，仁厚有吏材，富平尉。真長，耿介舉

明經。幼輿，敦雅有醖藉，通《班漢書》，左清道率府

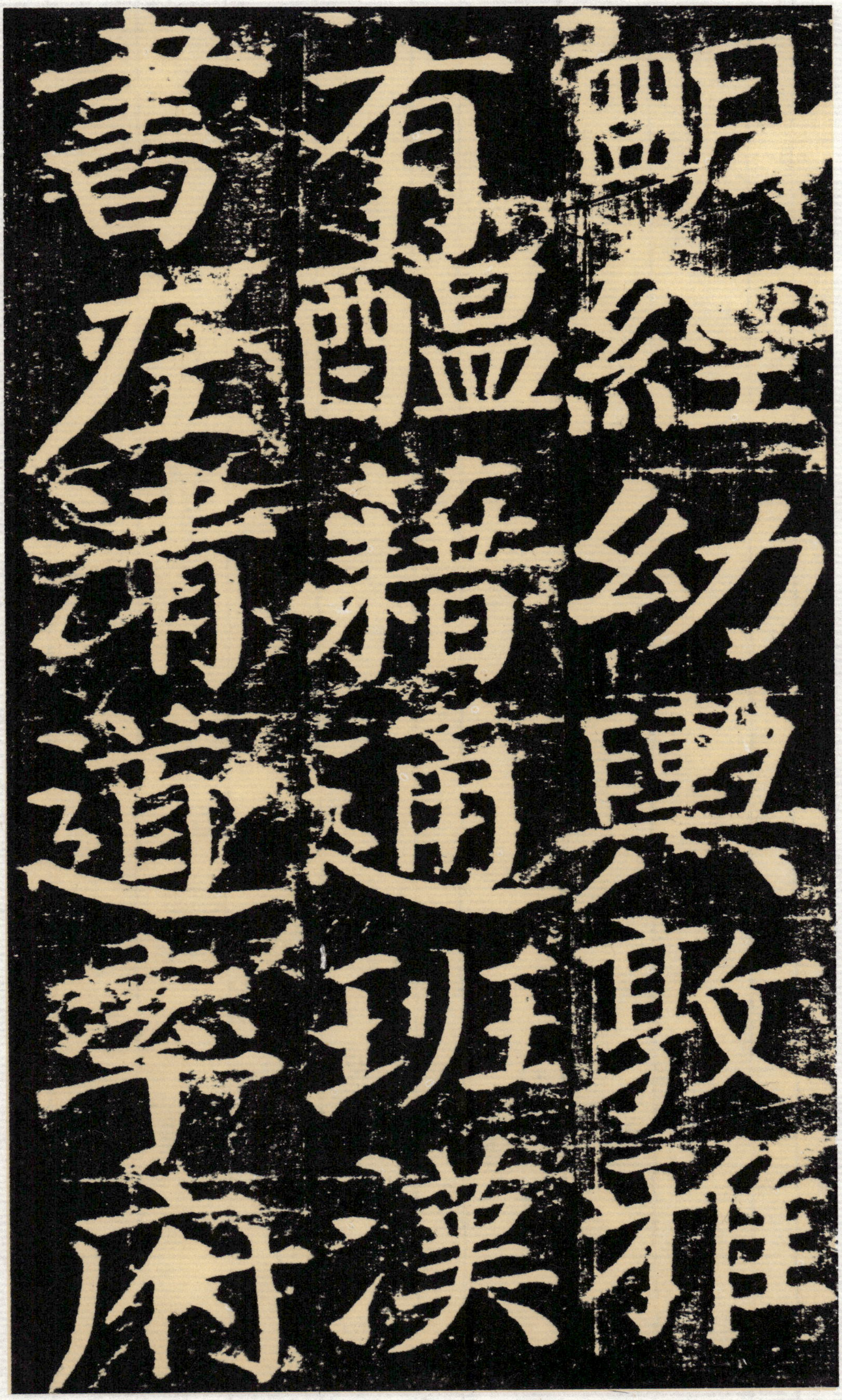

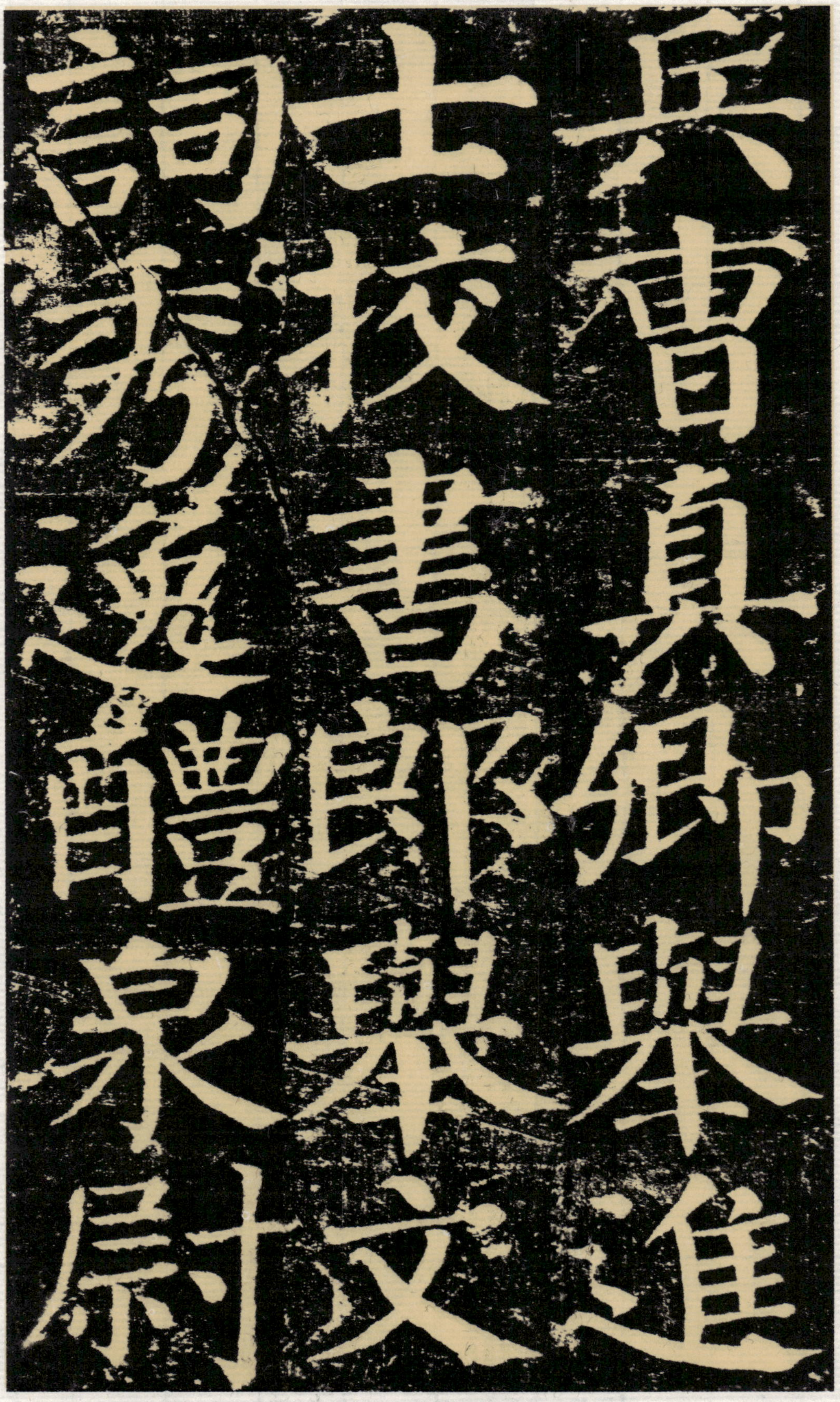

兵曹。真卿，舉進士，校書郎。舉文詞秀逸，醴泉尉，

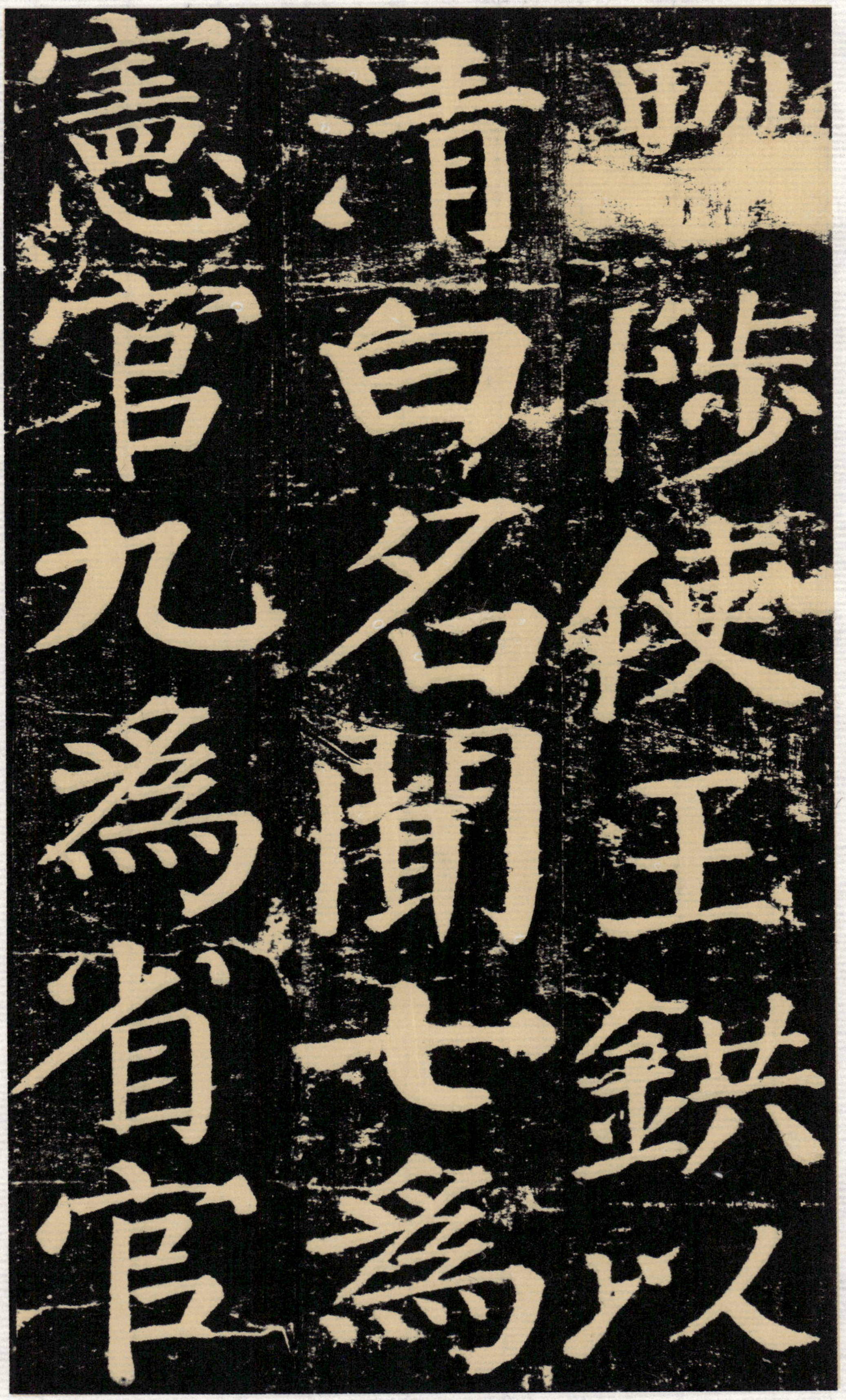

黜陟使王鉷以清白名聞。七爲憲官，九爲省官，

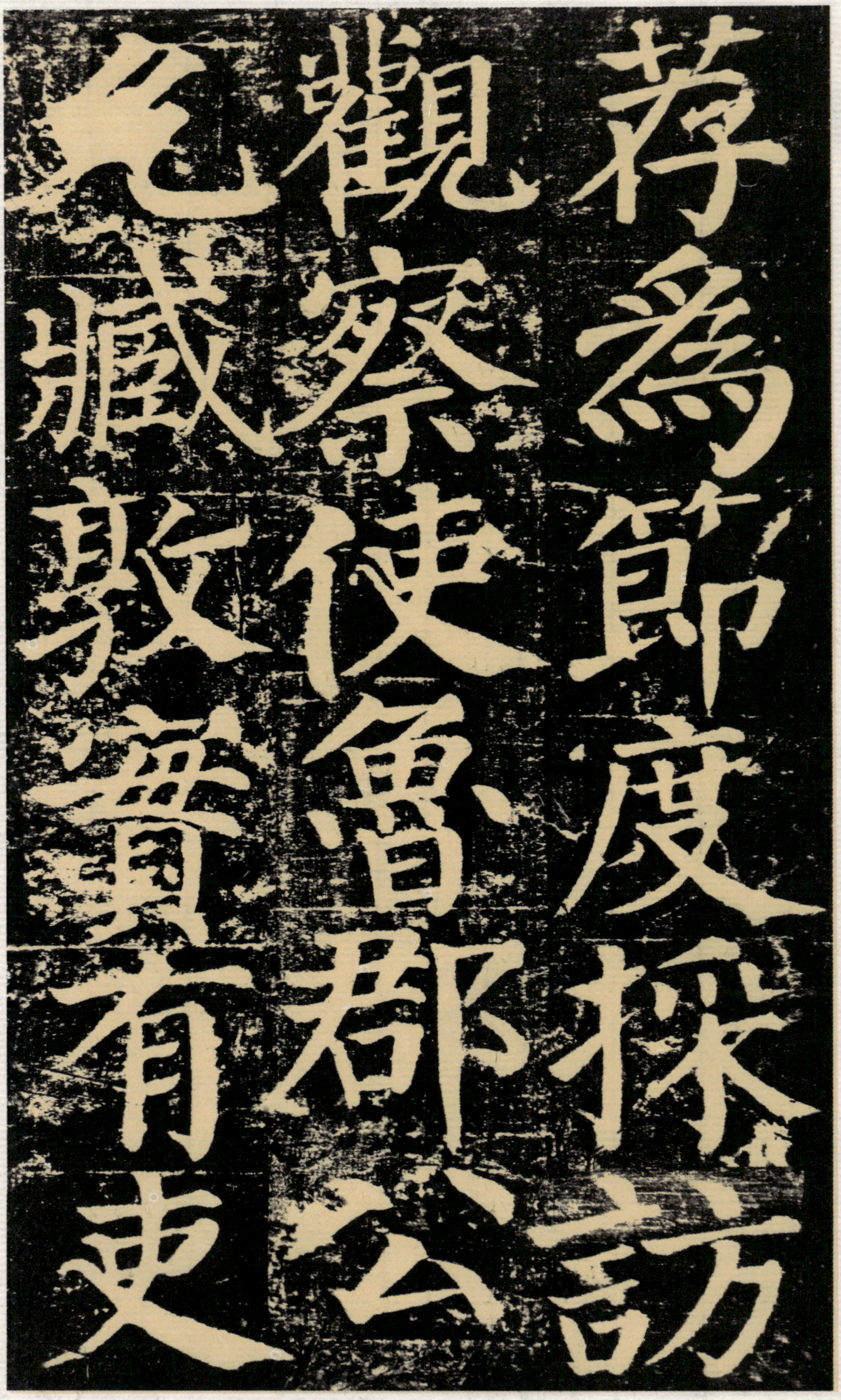

荐爲節度採訪觀察使，魯郡公。允臧，敦實有吏

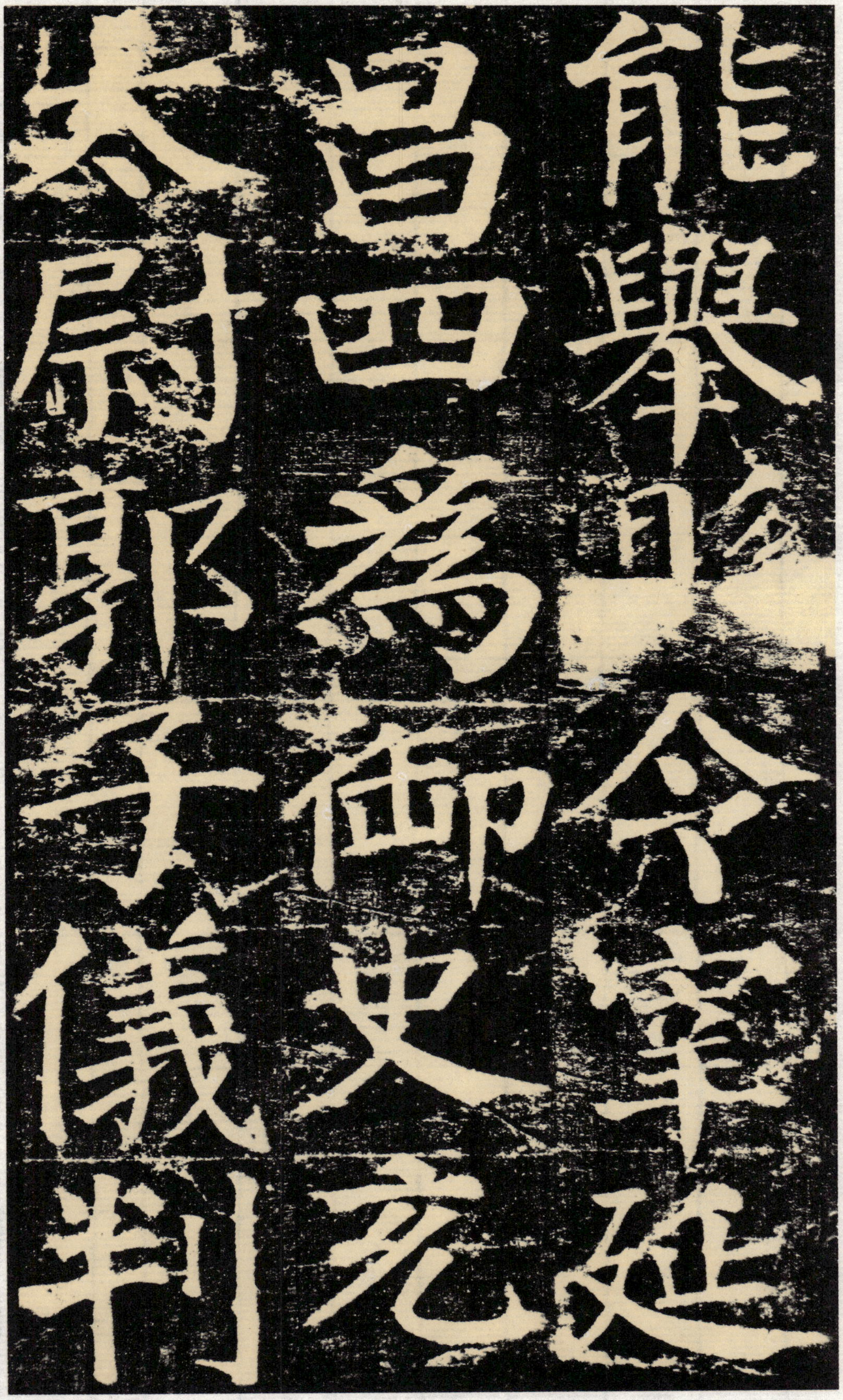

能，舉縣令，宰延昌。四爲御史，充太尉郭子儀判

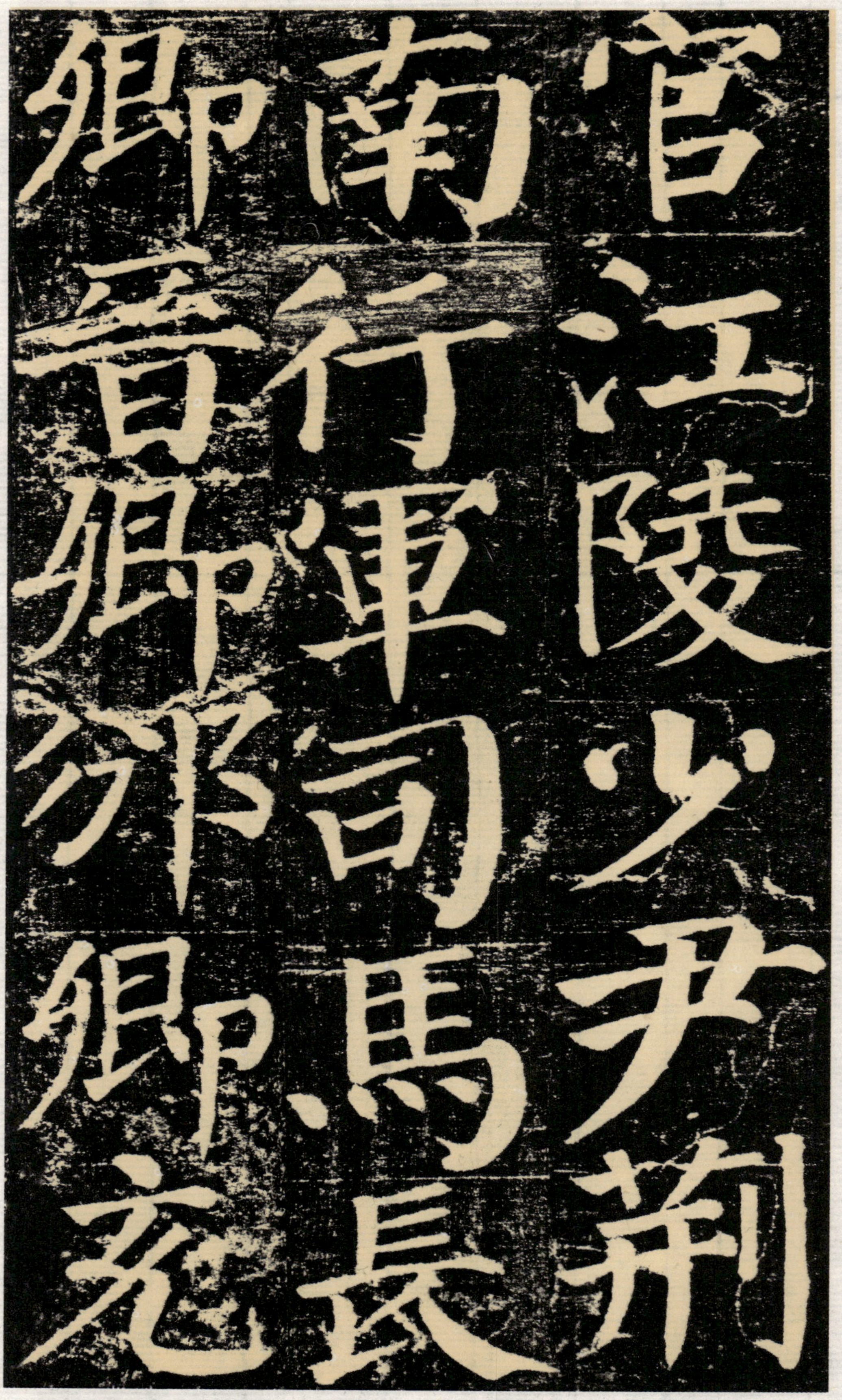

官、江陵少尹、荊南行軍司馬。長卿、晉卿、郤卿、充

國、質、多無[禄]早世。名卿、倜、佶、伋、倫，並爲武官。玄

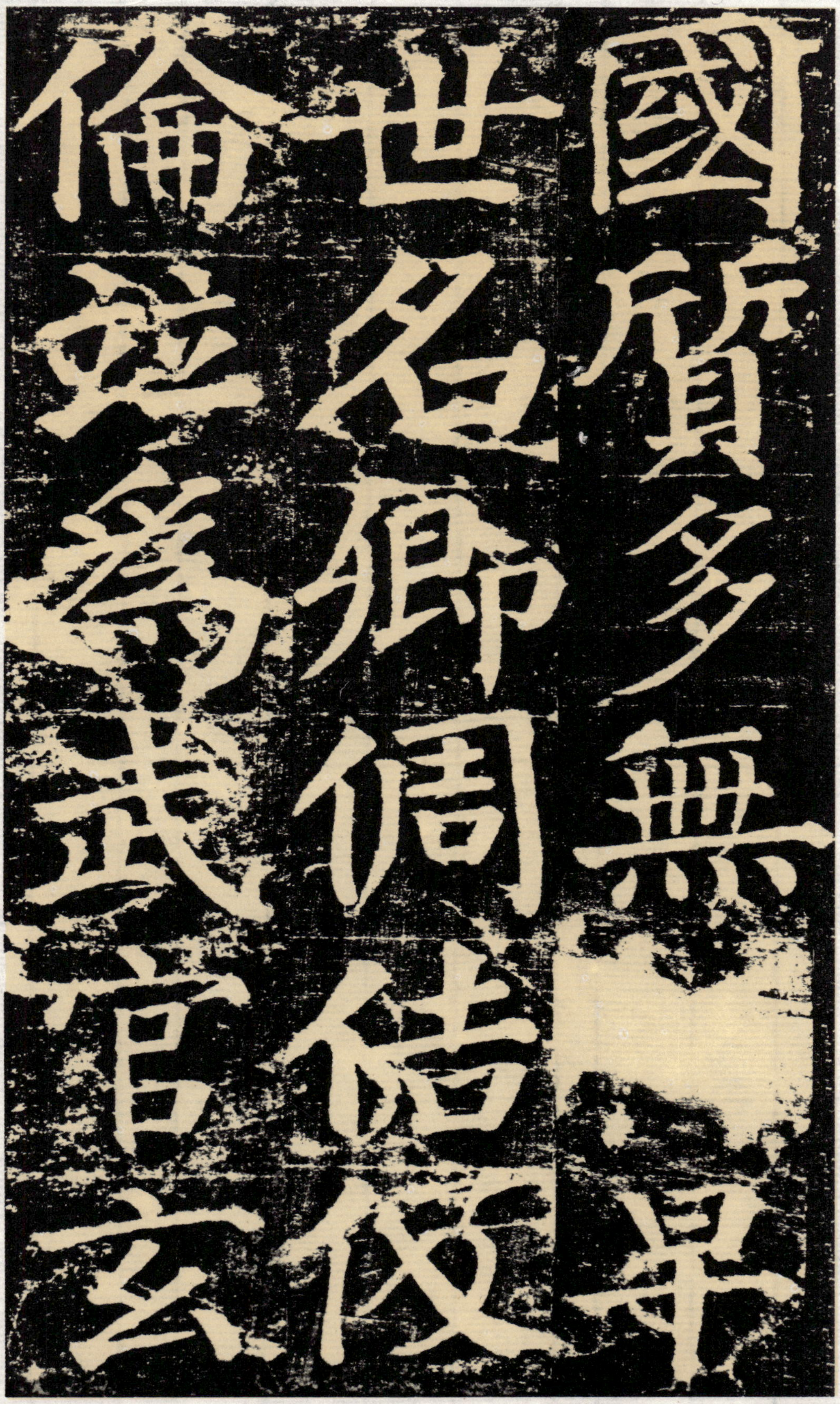

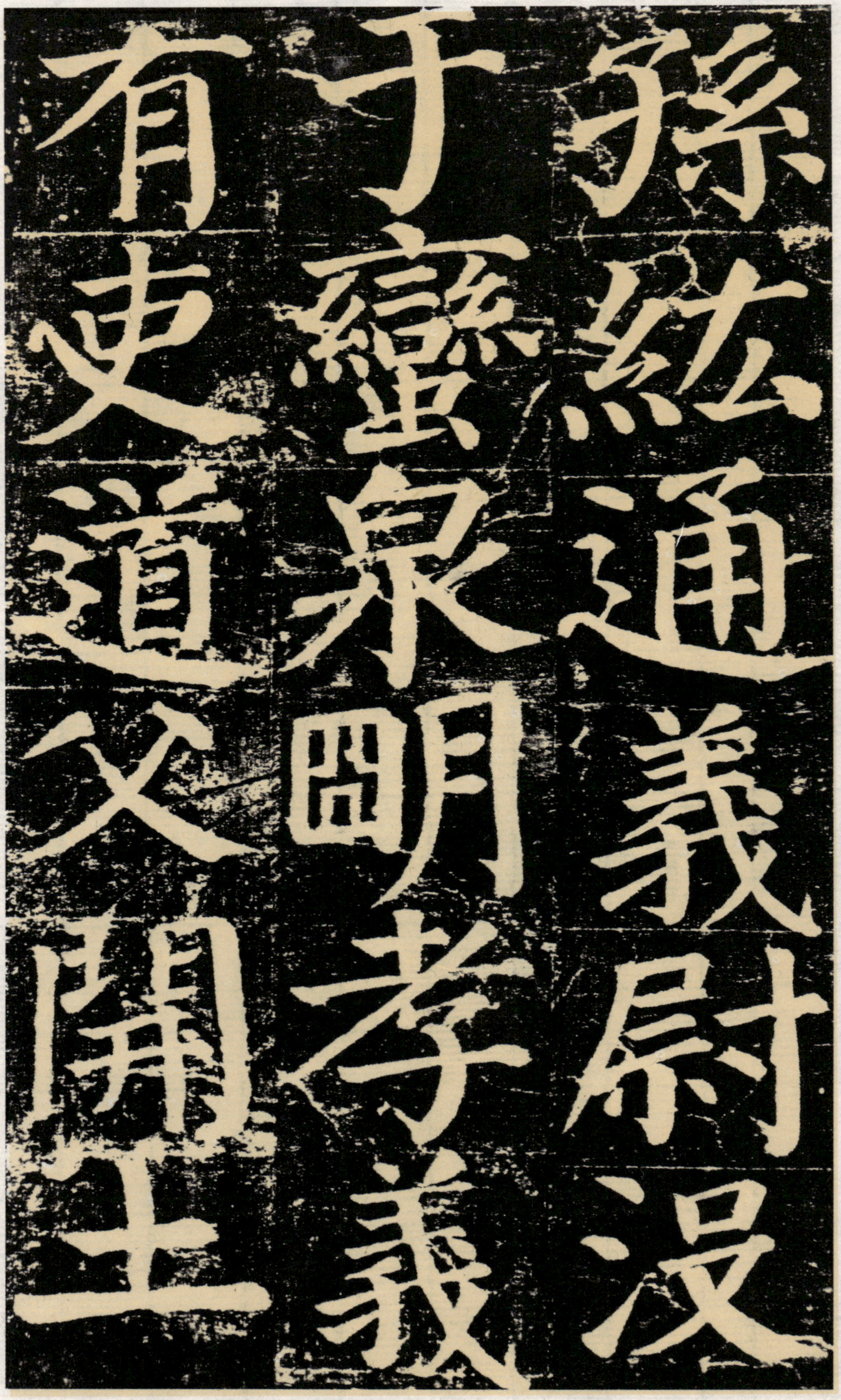

孫紘，通義尉，没于蠻。泉明，孝義有吏道，父開土

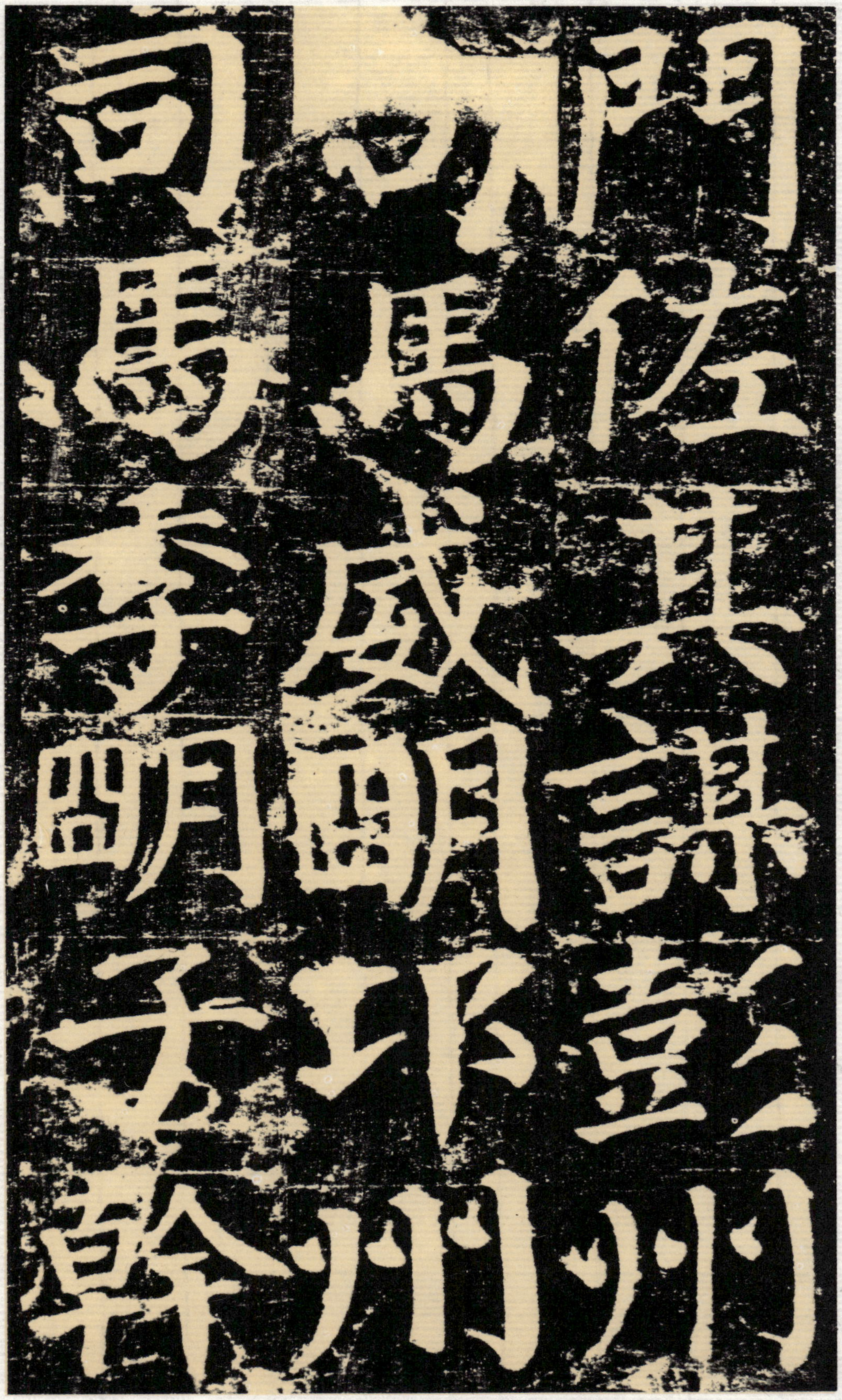

門佐其謀，彭州司馬。威明，邛州司馬。季明、子幹、

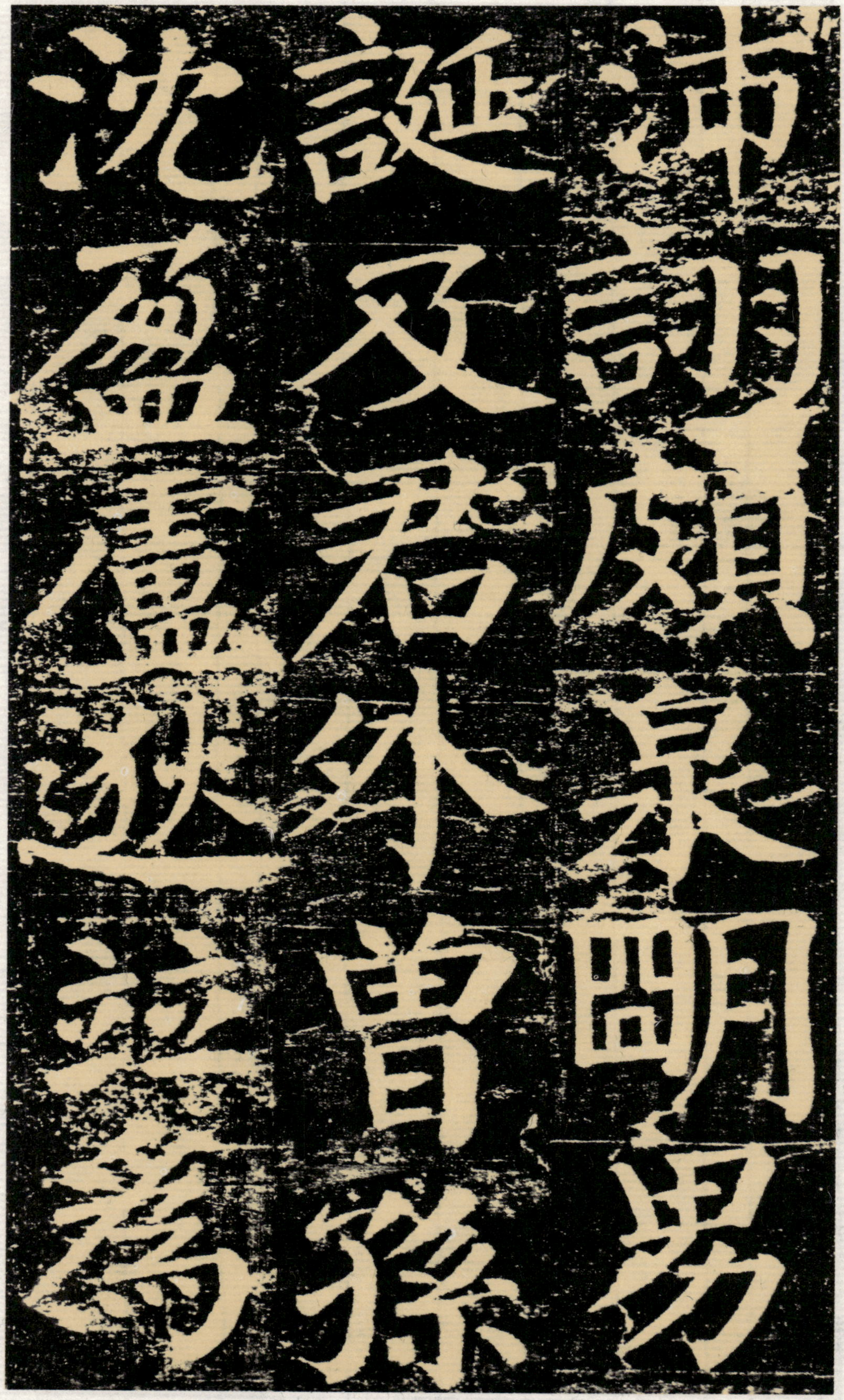

沛、詡、頗、泉明男誕，及君外曾孫沈盈、盧逖，並爲

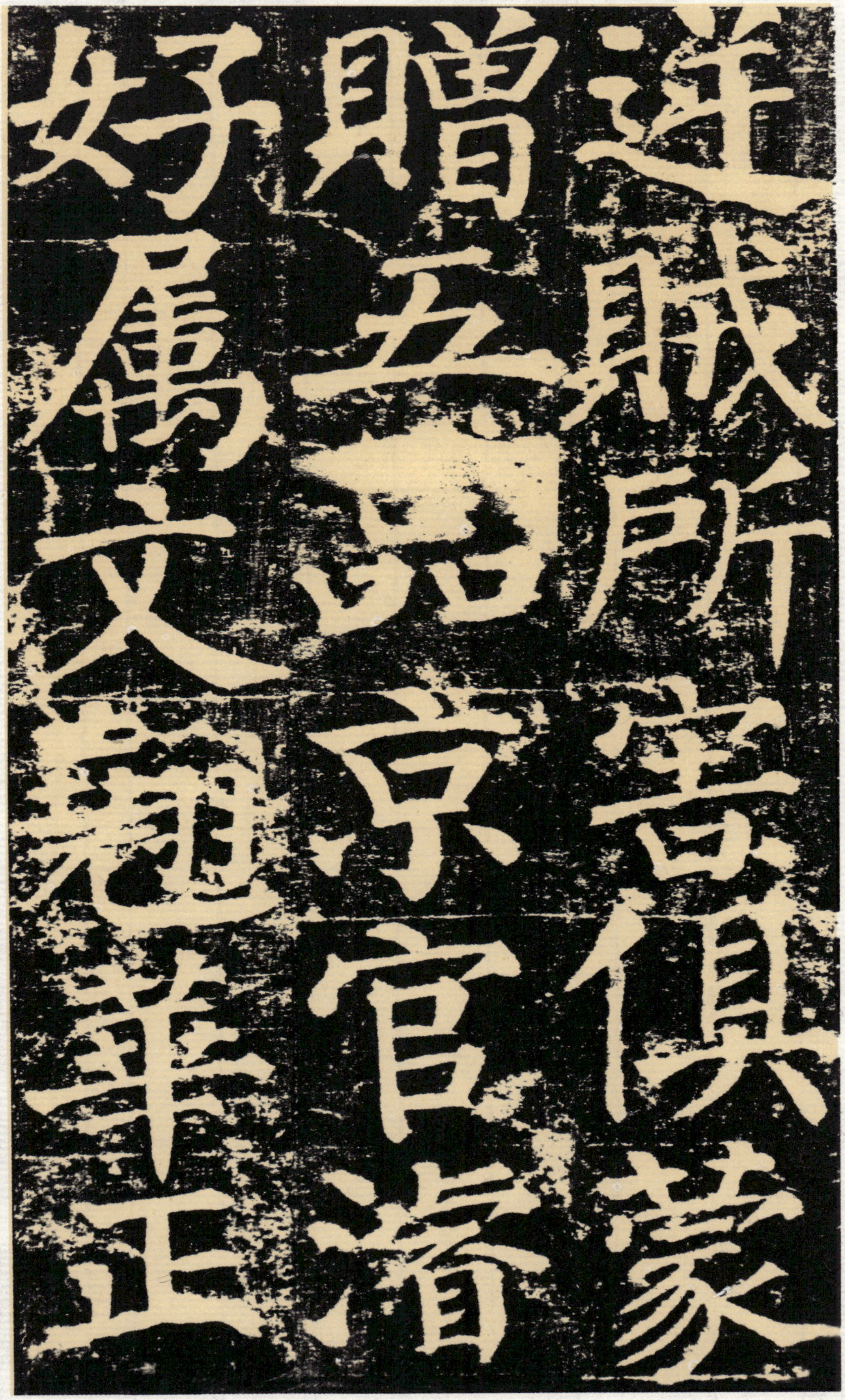

逆賊所害，俱蒙贈五品京官。濬，好屬文。翹、華、正，

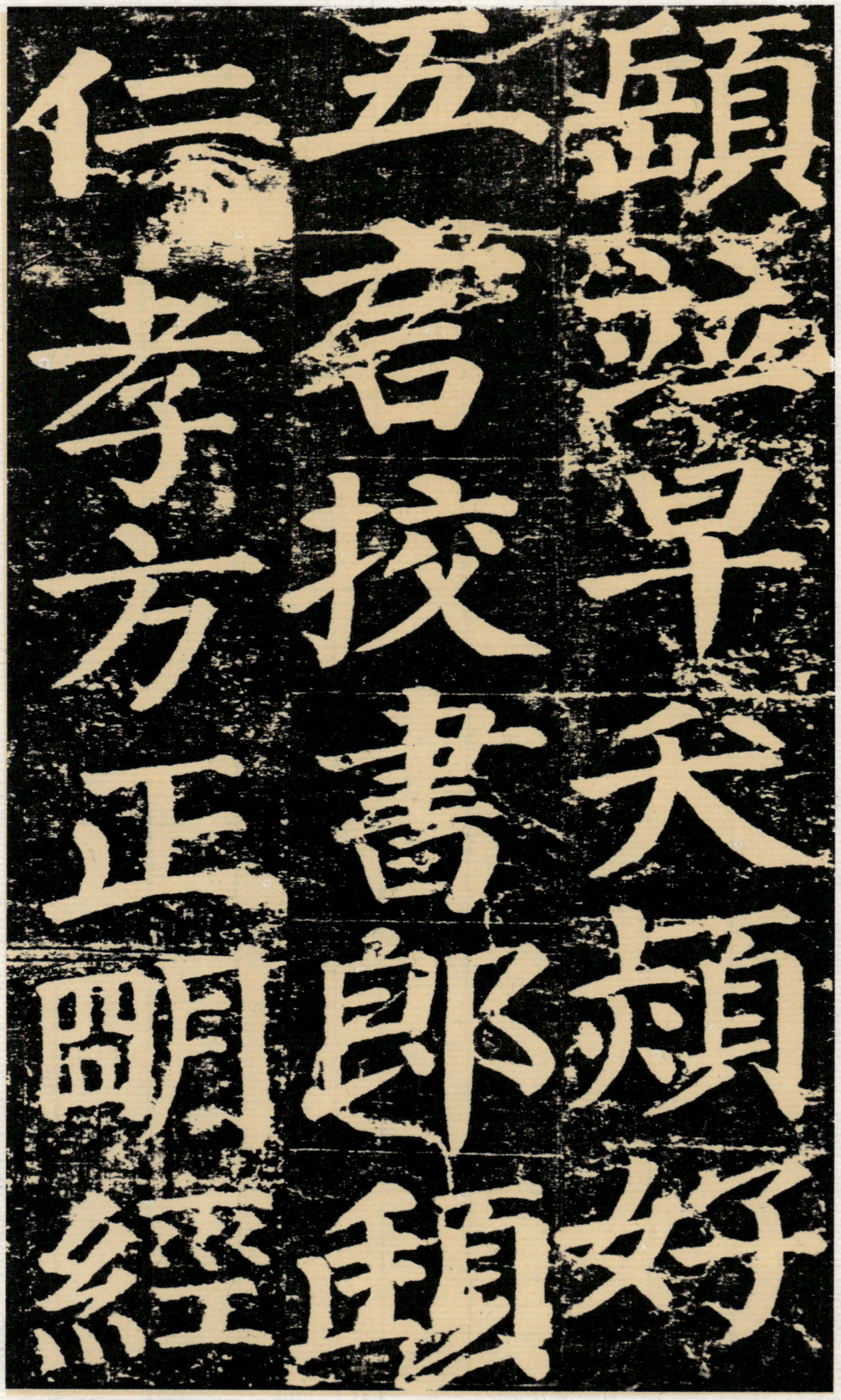

頣並早夭。頍，好五言，校書郎。頲，仁孝方正，明經

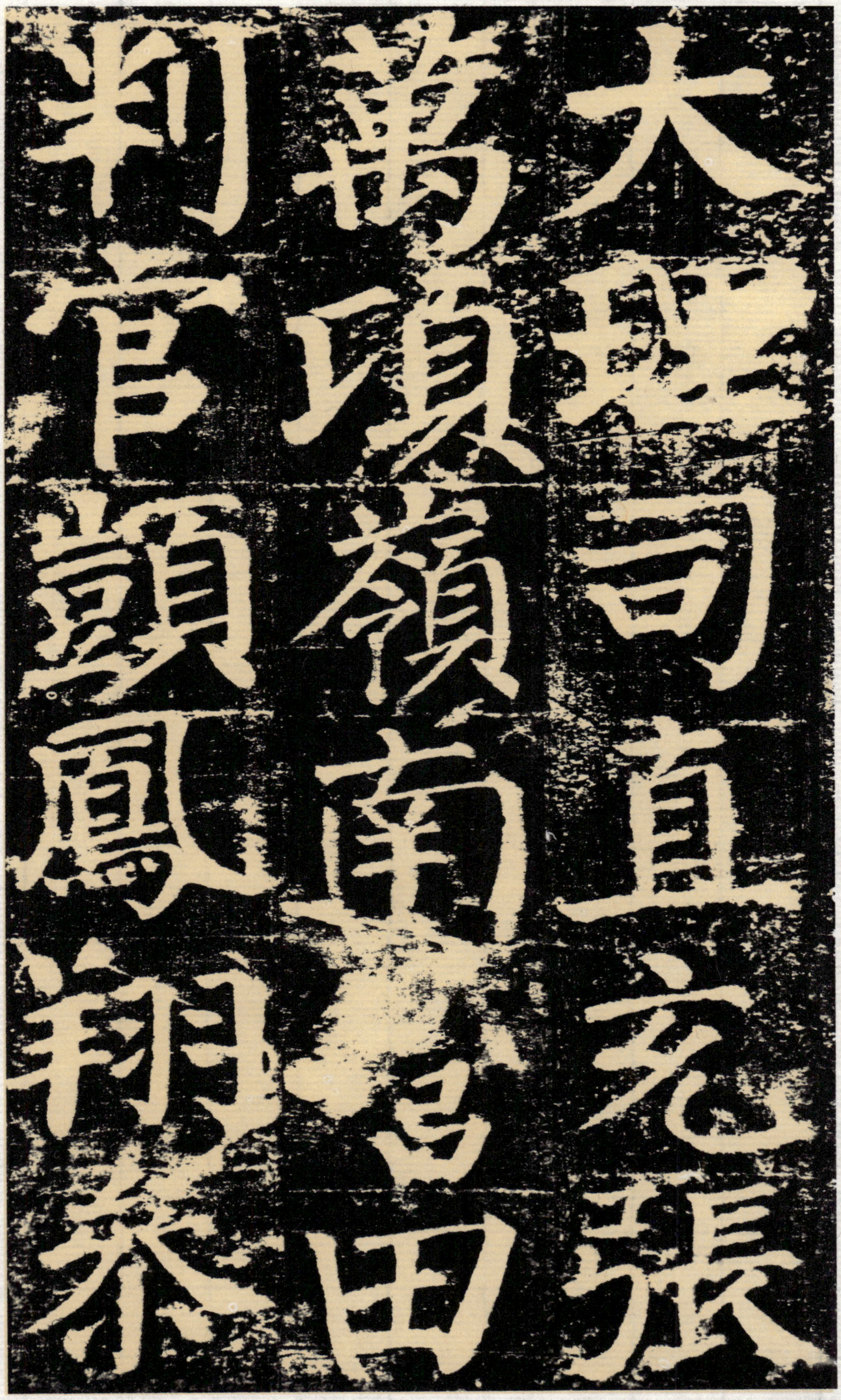

大理司直，充張萬頃嶺南營田判官。顗，鳳翔參

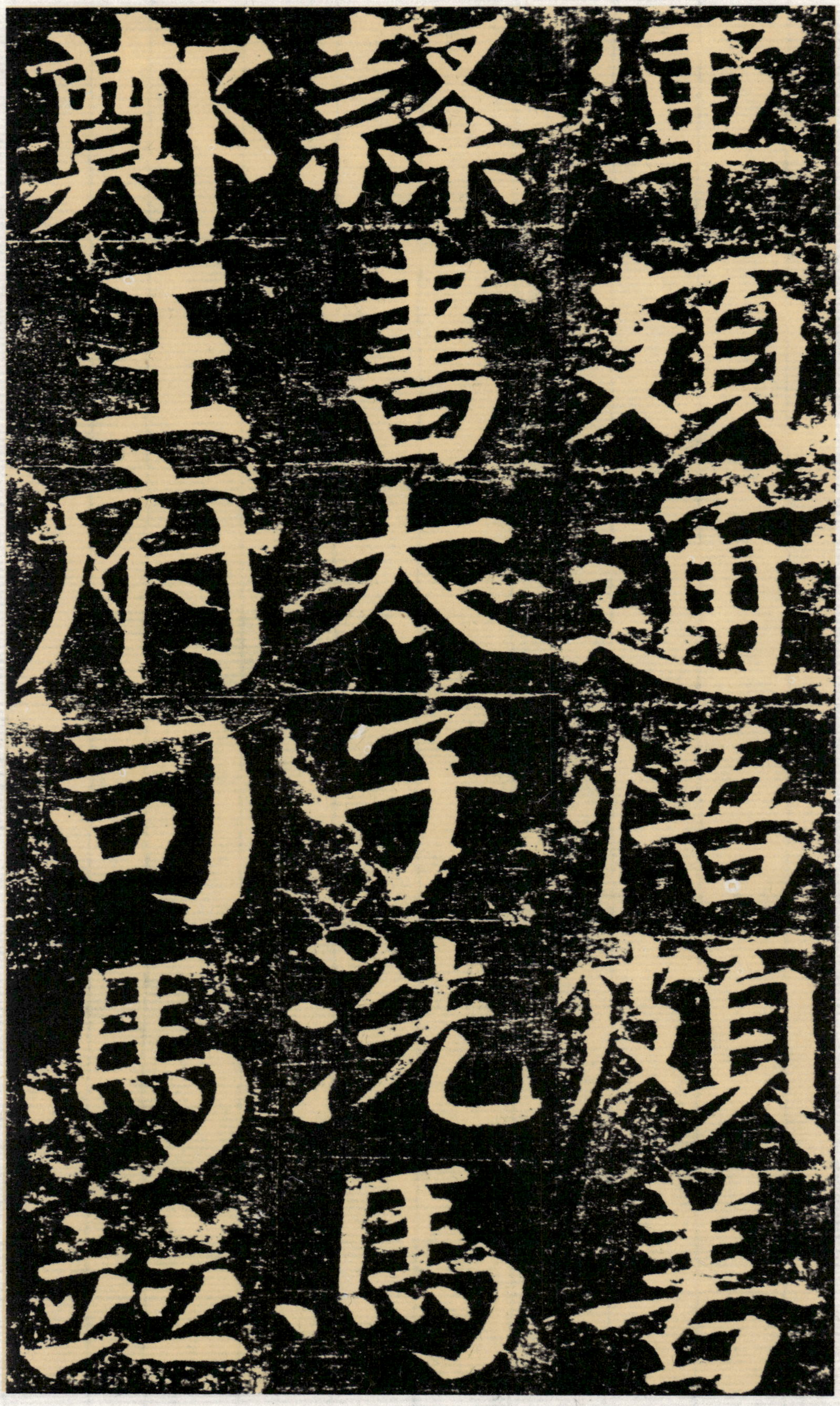
軍頲通悟頗善
隸書太子洗馬、
鄭王府司馬并

軍。頲，通悟頗善隸書，太子洗馬、鄭王府司馬。并

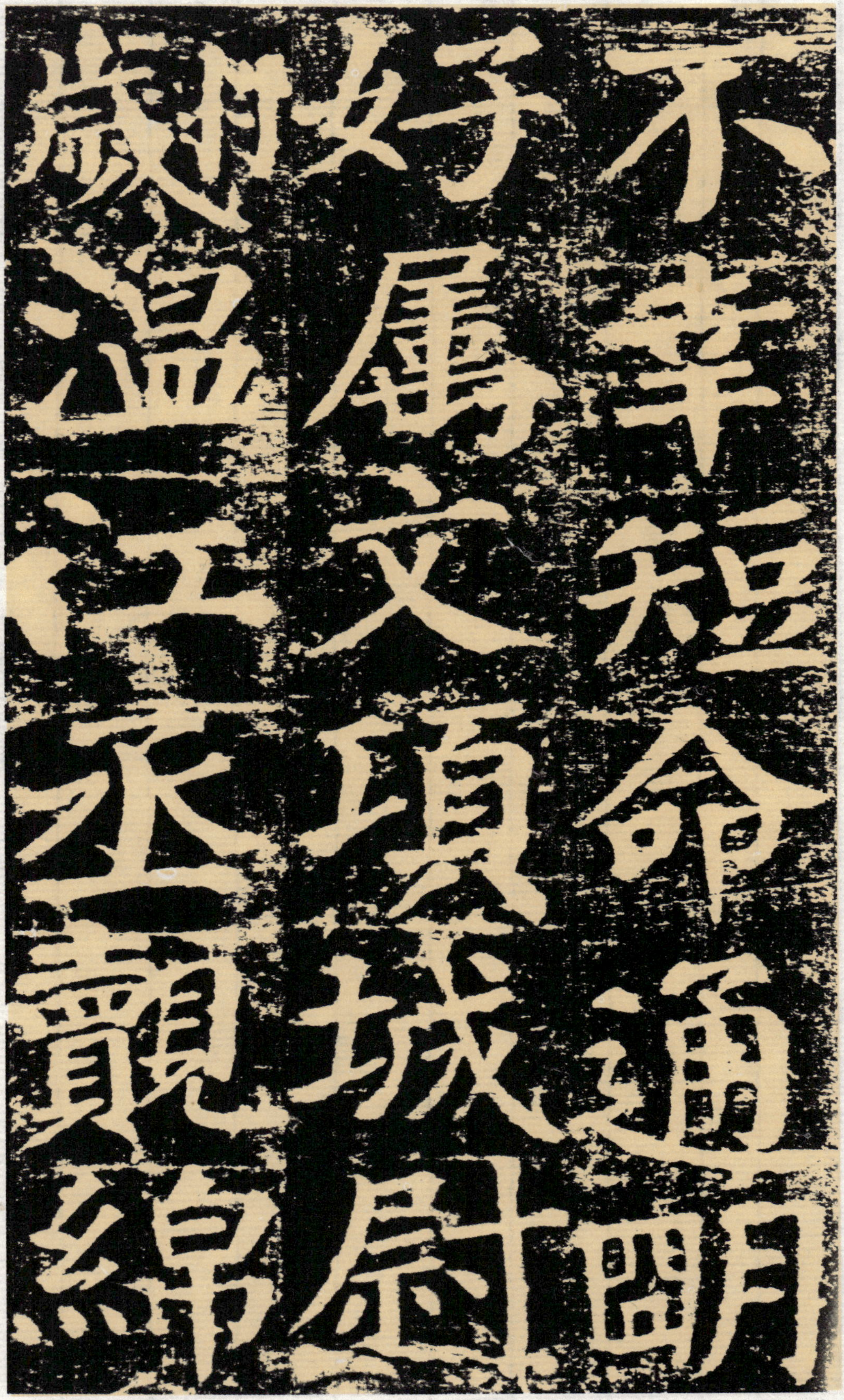

不幸短命。通明，好属文，項城尉。翽，温江丞。覿，綿

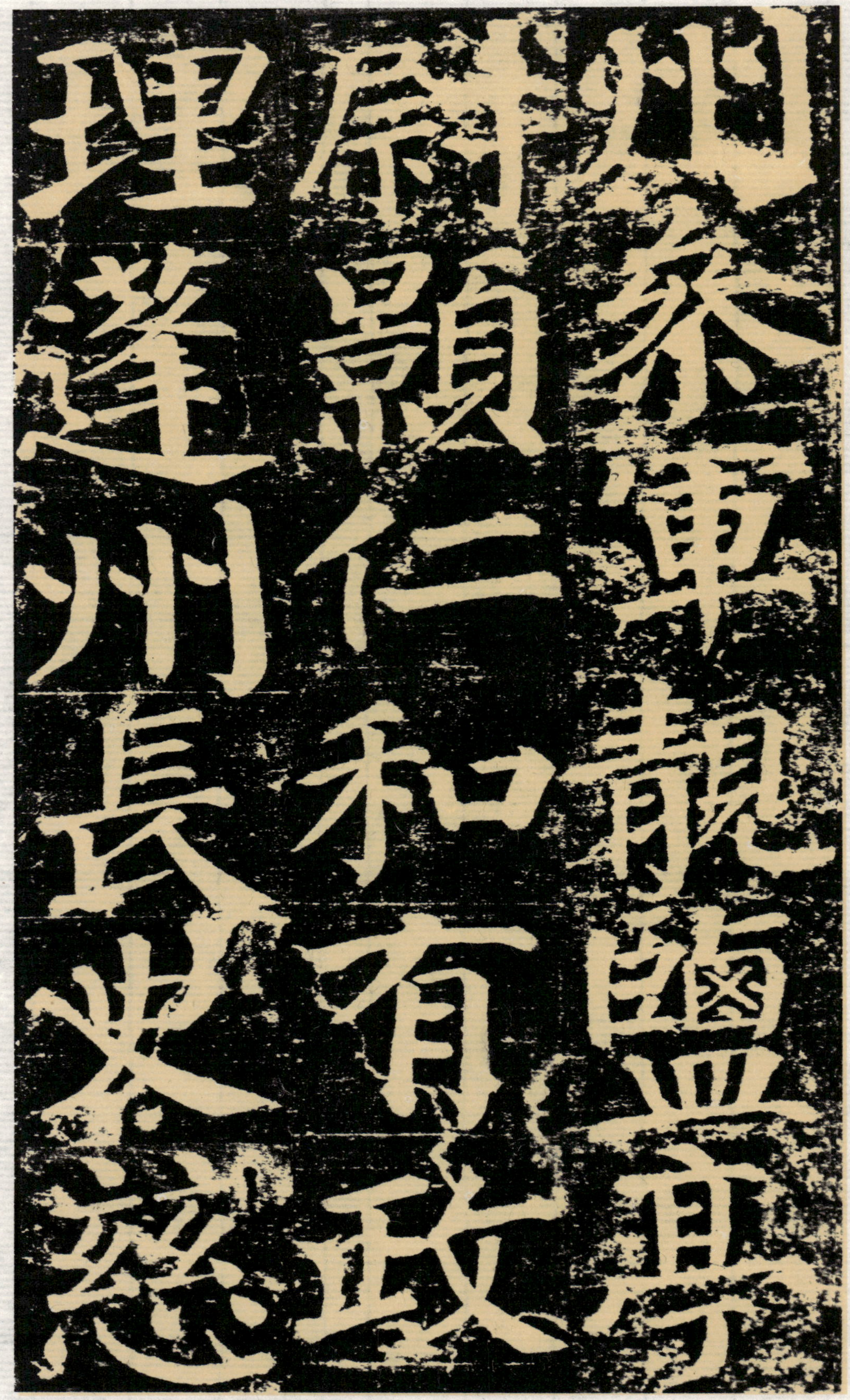

州参軍。靚，鹽亭尉。顒，仁和有政理，蓬州長史。慈

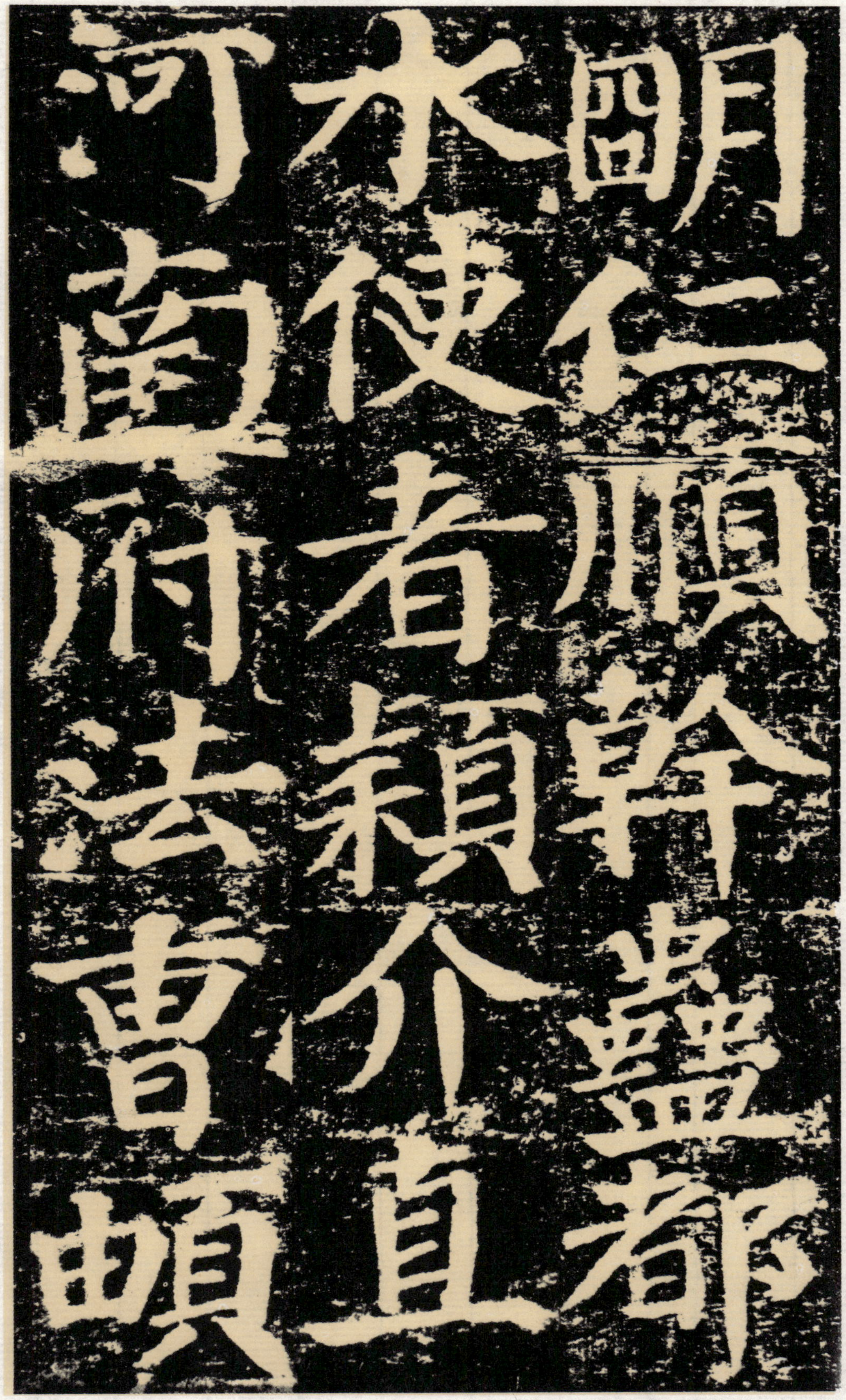

明，仁順幹蠱，都水使者。穎，介直，河南府法曹。頔

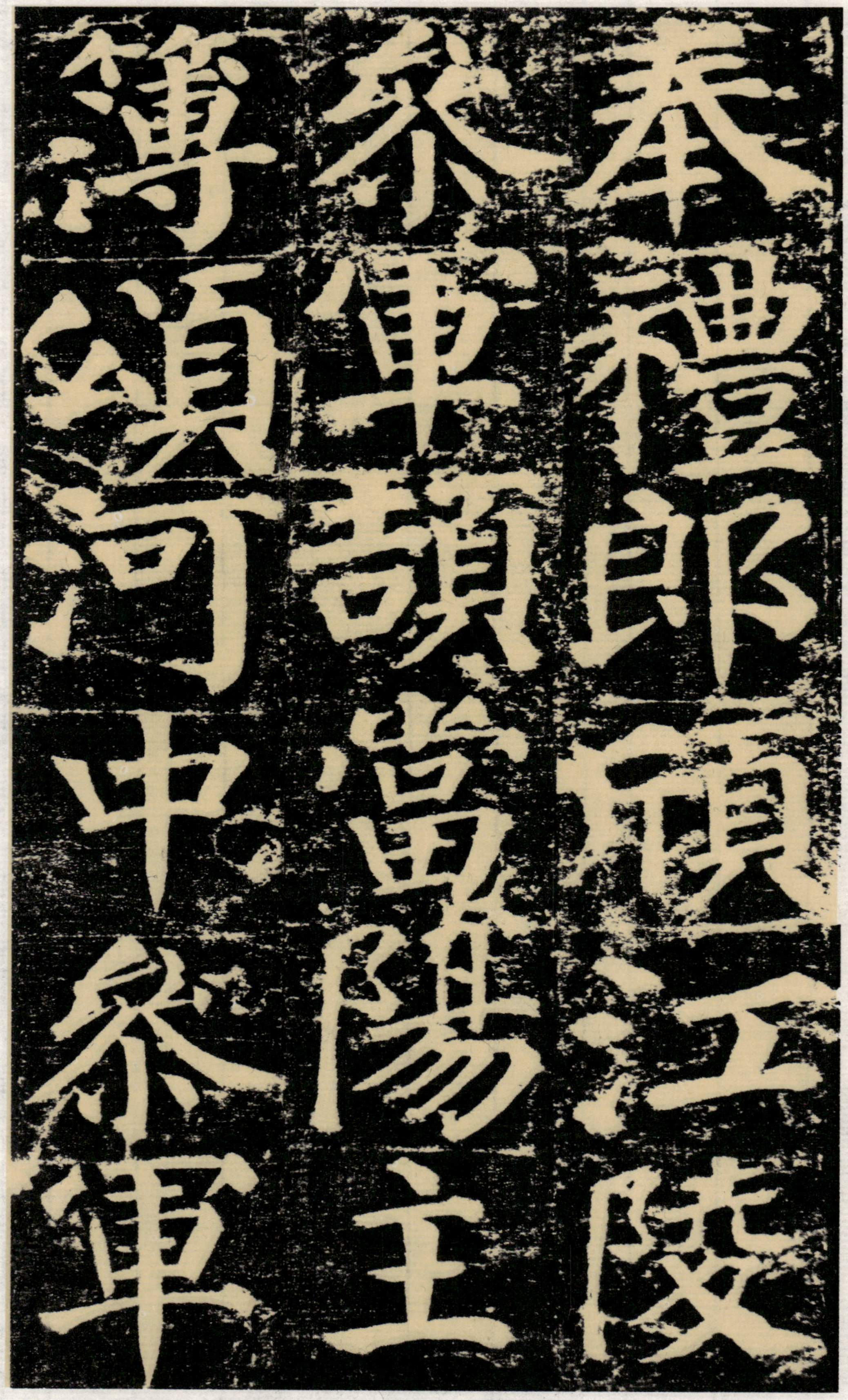

奉禮郎。頎，江陵參軍。頡，當陽主簿。頌，河中參軍。

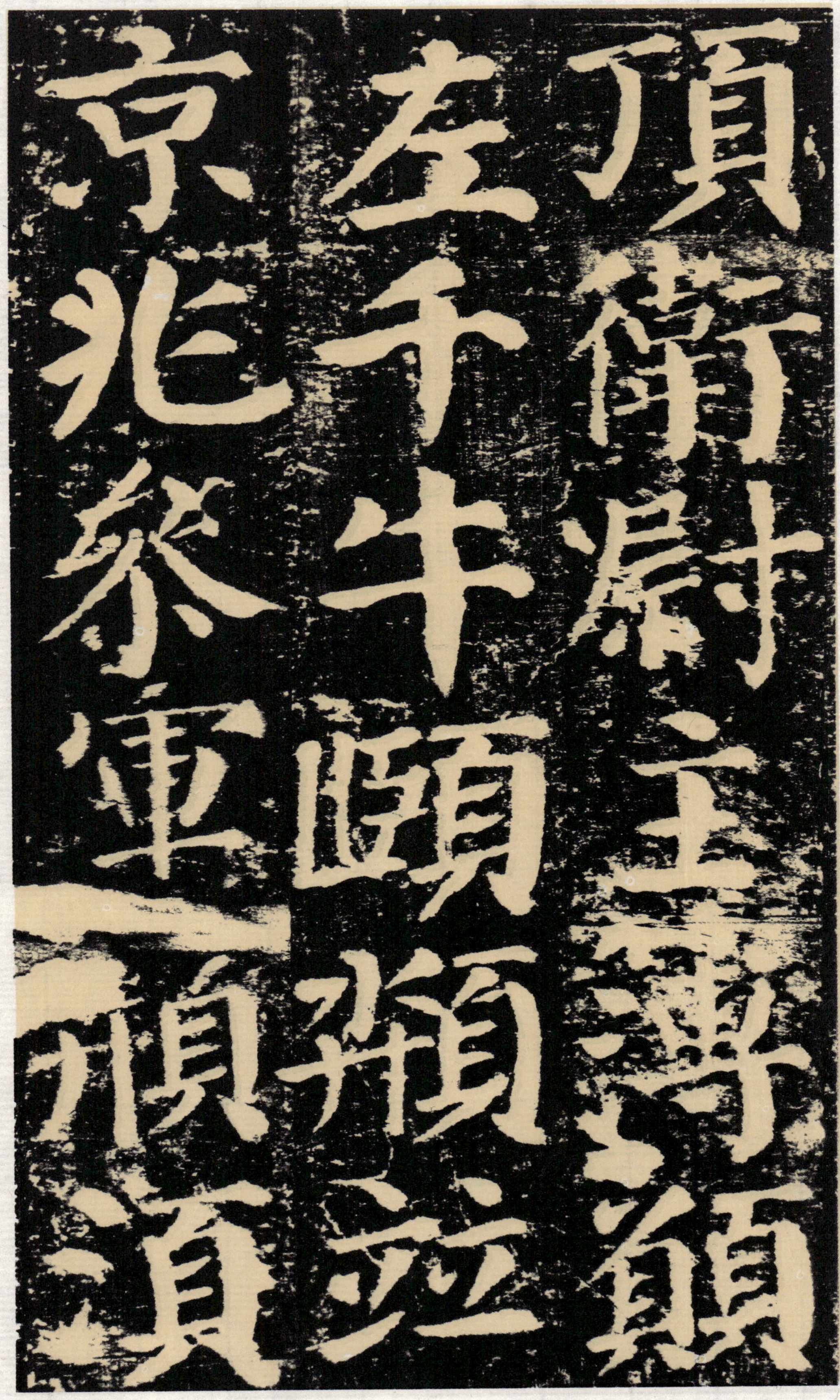

頊，衛尉主簿。顒，左千牛。頤、頮，并京兆參軍。頩、須、

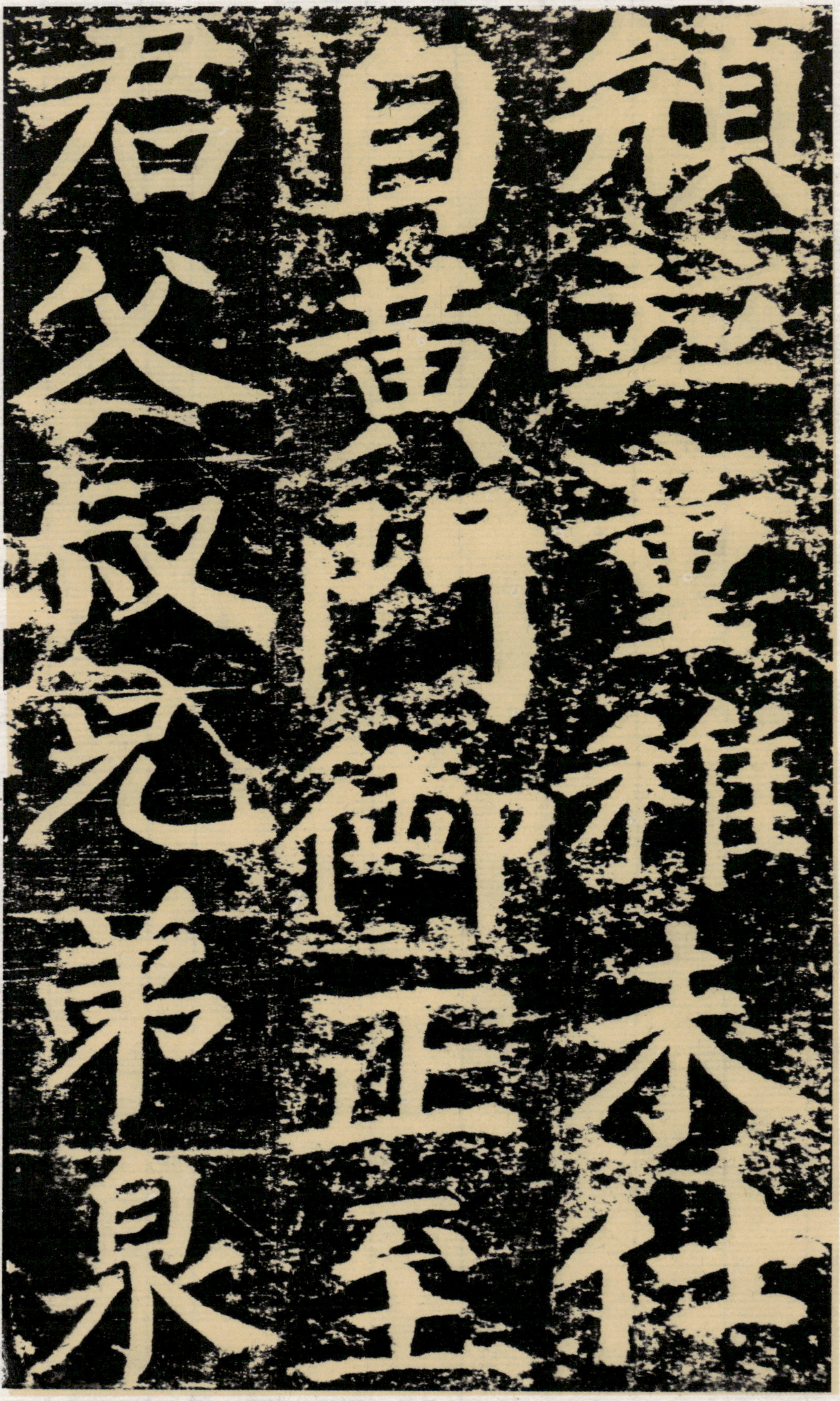

頌，并童稚未仕。自黃門、御正至君父叔兄弟泉

子姪揚庭、益期、昭甫、强學十三人，四世爲學士、

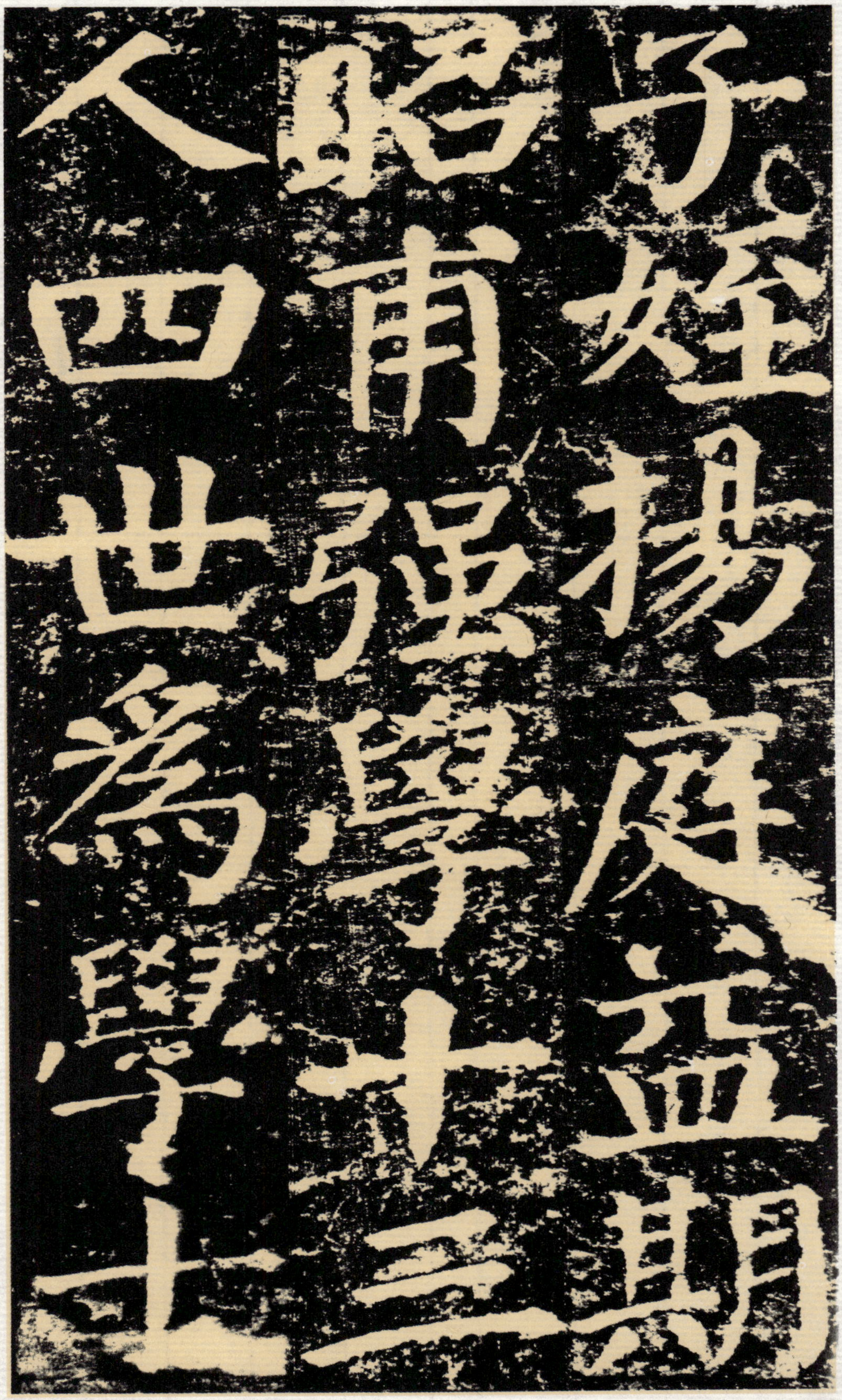

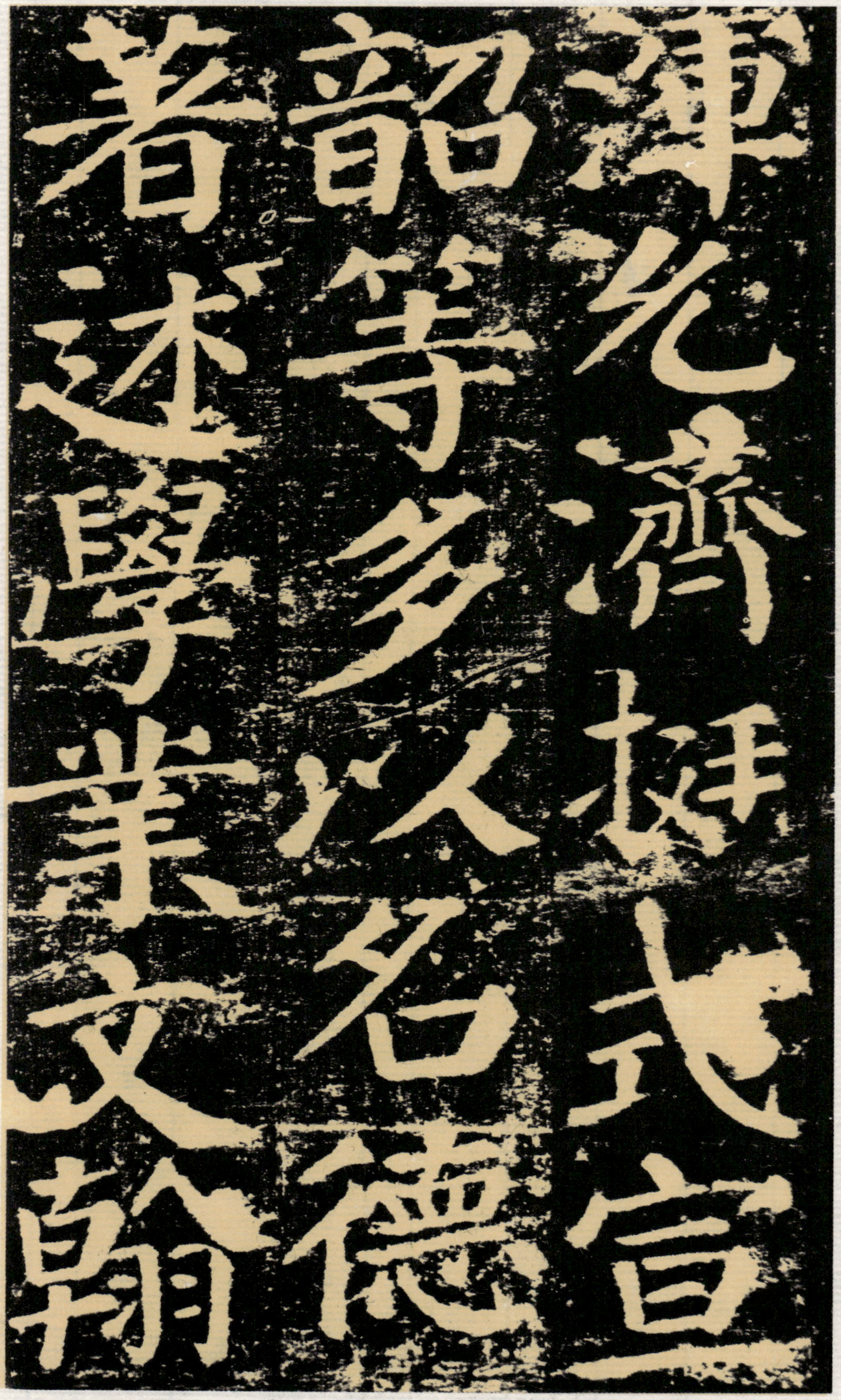

渾、允濟、挺、式宣、韶等，多以名德著述，學業文翰，

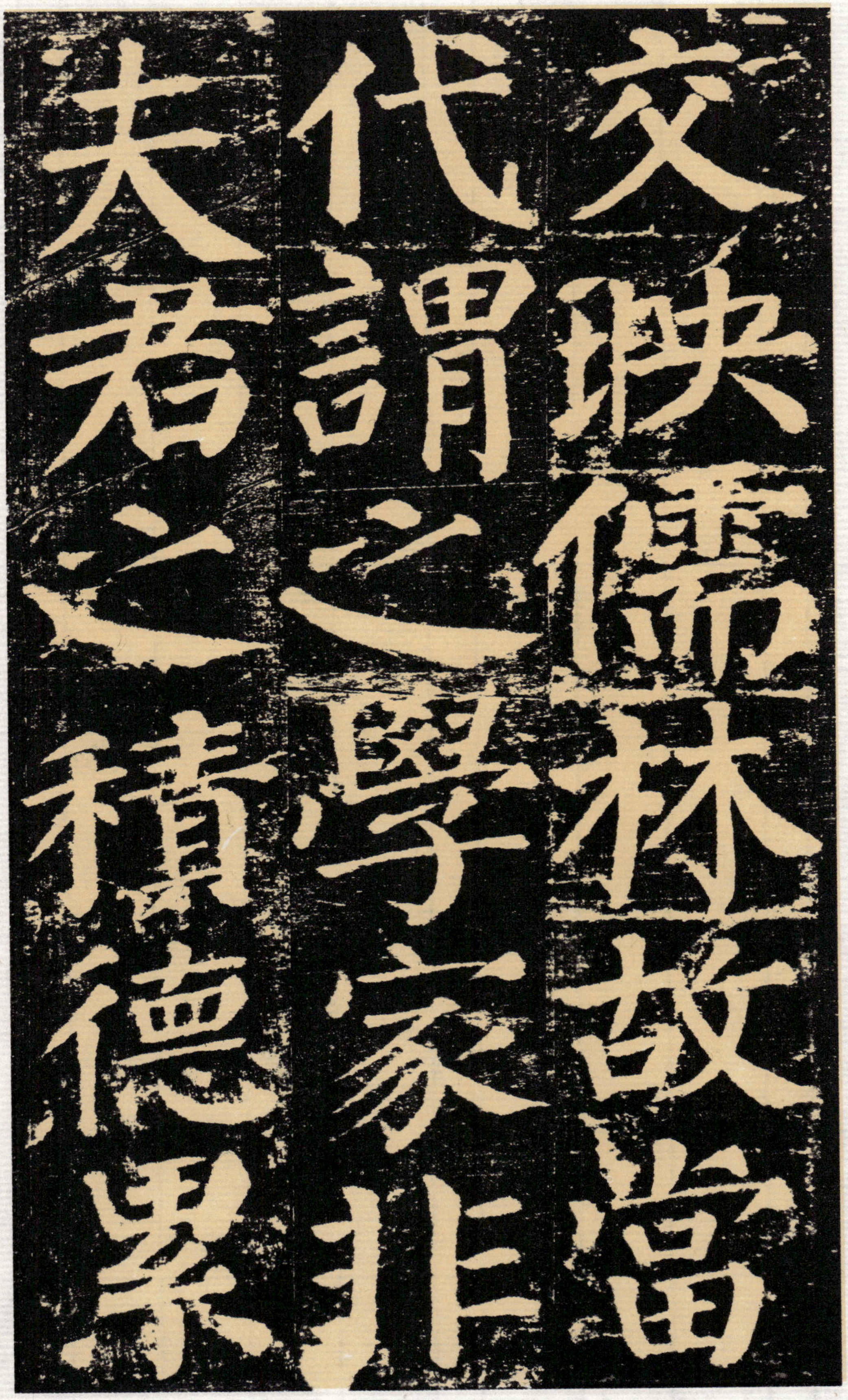

交映儒林，故當代謂之學家。非夫君之積德累

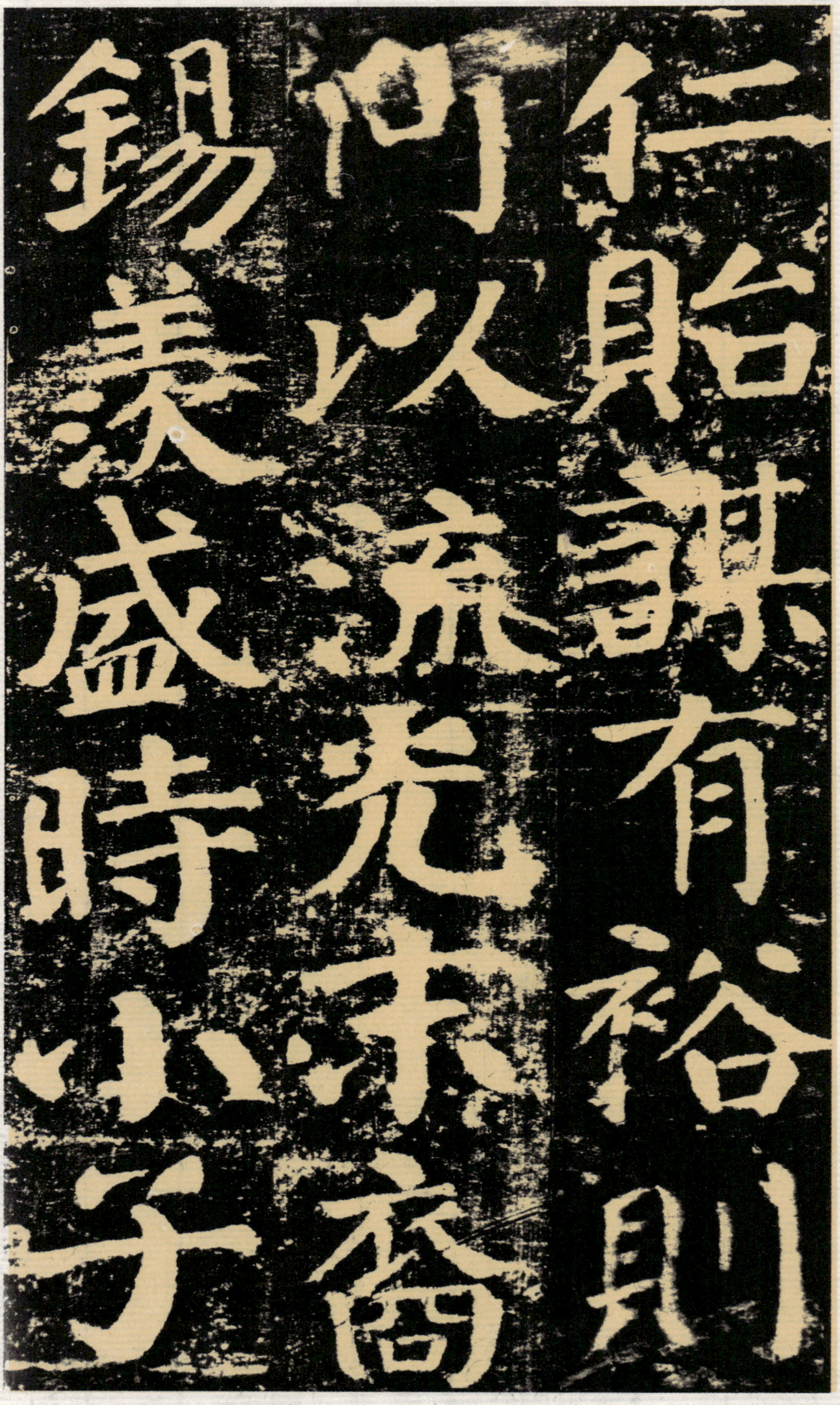
仁貽謀有裕則
何以流光末裔
錫羨盛時小子

仁，貽謀有裕，則何以流光末裔，錫羡盛時？小子

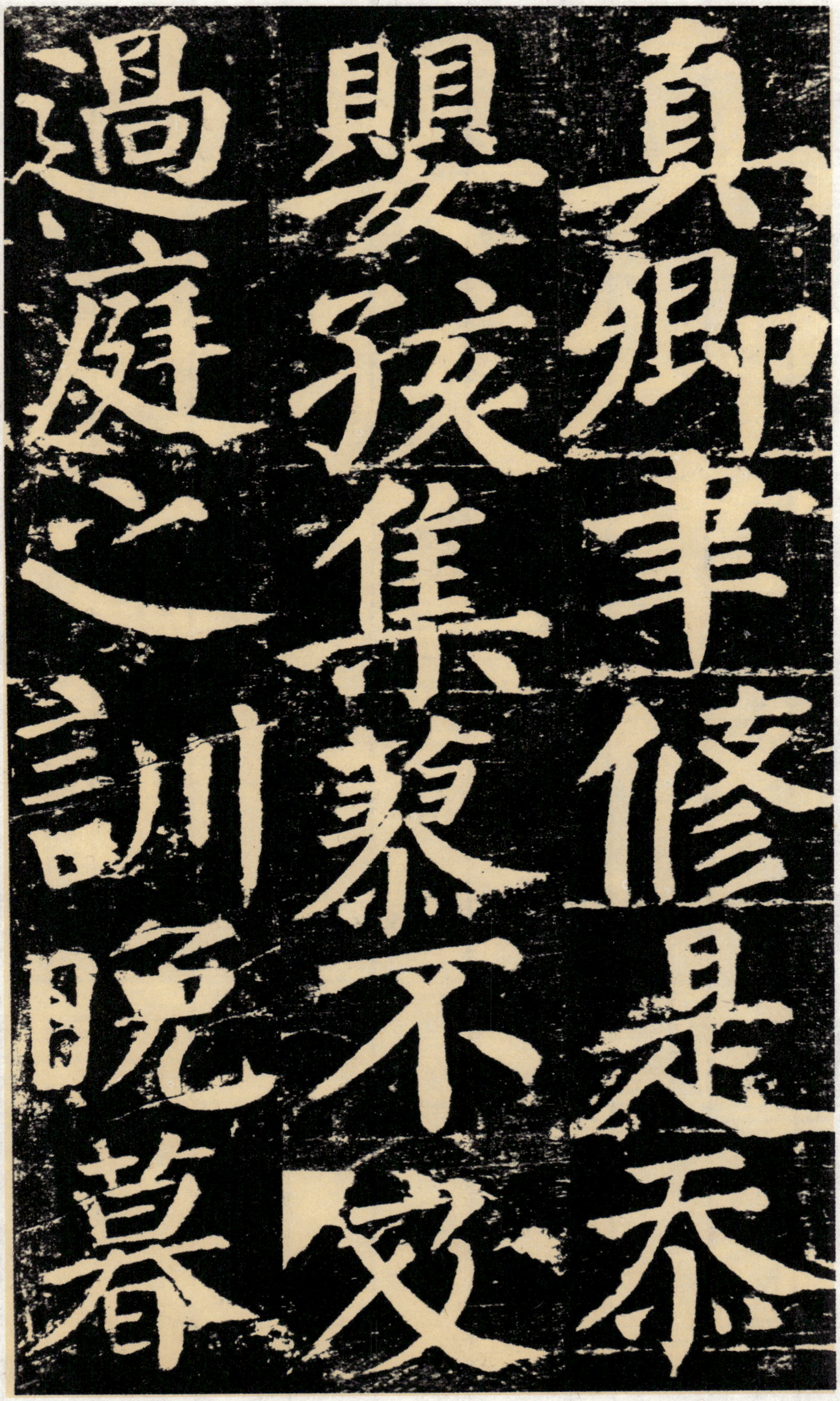
真卿聿修是忝
嬰孩集蓼不及
過庭之訓晚暮

真卿，聿修是忝。嬰孩集蓼，不及過庭之訓；晚暮

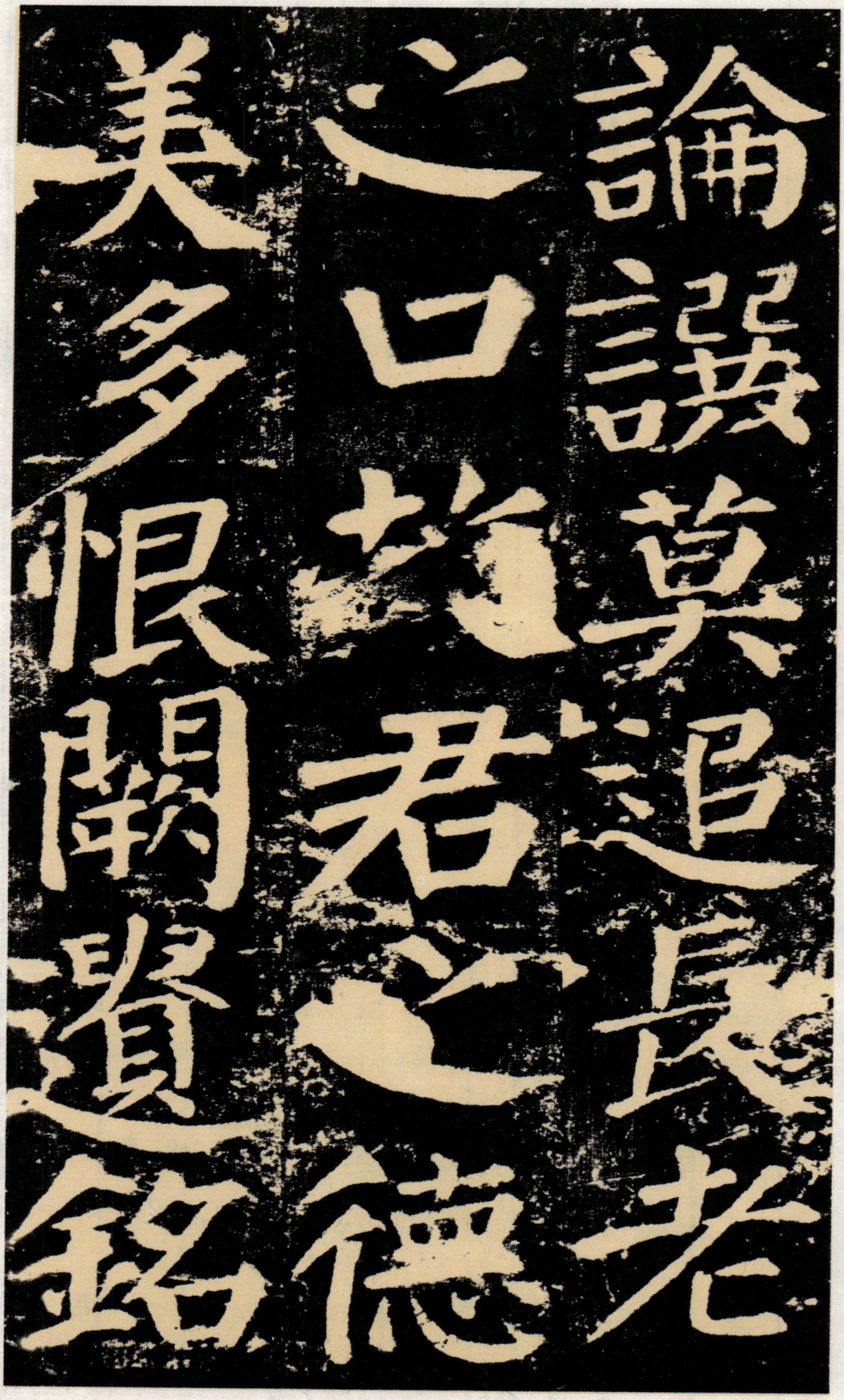

論撰，莫追長老之口。故君之德美，多恨闕遺。銘

曰。